진짜 나를 만나는

# 혼란상자

진짜 나를 만나는
# 혼란상자

ⓒ 따돌림사회연구모임 교실심리팀, 2017

초판 1쇄 | 2017년 9월 10일
초판 8쇄 | 2023년 3월 30일

지은이 | 따돌림사회연구모임 교실심리팀
발행인 | 정은영
책임편집 | 한미경
디자인 | 디자인붐
일러스트 | 주노

펴낸곳 | 마리북스
출판등록 | 제 2019-000292호
주소 | (04037) 서울시 마포구 양화로 59 화승리버스텔 503호

전화 | 02)336-0729, 0730
팩스 | 070)7610-2870
홈페이지 | maribooks.com
인쇄 | (주)신우인쇄

ISBN 978-89-94011-73-8　(44180)
　　　978-89-94011-72-1　(set)

마리
마음상자
01

진짜 나를 만나는
# 혼란상자

따돌림사회연구모임 교실심리팀 지음

너는 누구니?

나 ??

아리송한 나의 정체성 찾기

마리북ㅅ

# 진짜 나를 만난다는 건

"지금 네 모습이 마음에 들어?"

누군가 이렇게 묻는다면 뭐라고 대답할까?

'공부를 좀더 잘했으면 좋겠고, 키가 좀더 컸으면 좋겠고, 얼굴이 좀더 예뻤으면 좋겠고, 친구들에게 좀더 인기 있었으면 좋겠고……'

어떤 친구는 이렇게 자신에게 부족하다고 생각하는 것을 떠올리겠지. 반면에 또 다른 친구는 자신의 모습이 엄청 마음에 든다고 할 수도 있어. 사람은 누구나 마음에 드는 자신의 모습도 그렇지 않은 자신의 모습도 있으니까.

그런데 너희는 자신의 못난 모습을 발견하면 어때? 혹시 '에잇, 난 원래 이런 걸 어쩌라고요? 그냥 이대로 살다 죽을래요!'라고 하지는 않아? 뭐, 정말 그렇게 생각한다고? 이런 자세는 나의 모습을 받아들인

다고 생각하기 쉽지만, 잘 생각해보면 나의 진짜 모습을 회피하는 것일
수도 있어.

진짜 나의 모습과 마주한다는 것은 몹시 혼란스럽고 아픈 일일 수도
있어. 마치 커다란 가시에 몸이 찔리는 것처럼 말이야. 나의 못난 모습
을 인정해야 하니까. 못난 나의 모습을 인정하기도 쉽지 않지만, 그것
을 받아들이기는 더욱 쉽지 않아. 그래서 엄청난 마음의 갈등, 즉 혼란
을 겪게 돼. 따라서 진짜 나를 만나러 가는 길은 혼란 속을 헤매야 하는
아주 먼 길이 될지도 몰라.


너희는 제2의 탄생이라는 사춘기의 터널을 지나고 있어. 이때 '건강
한 자아'를 쌓는 것만큼 중요한 것도 없어. 아마 '건강한 자아'를 쌓기
만 한다면 평생 나를 지켜주는 든든한 버팀목이 될거야. 그 바탕이 되
는 게 정체성이지.

'너는 누구니?'

'너는 어떻게 살지 생각해봤어?'

이 질문들에 곧바로 대답하기는 쉽지 않을 거야. 사실 이 글을 쓰는
선생님들에게도 쉬운 질문은 아니야. "우리에게 왜 이렇게 어려운 질문
을~" 하면서 책을 덮는 건 아니지? 그렇다면 아주 후회할 일이 생길지
도 몰라. 이 질문들에 대한 답을 찾는 게 진짜 나를 찾는 과정이거든. 그
리고 내가 앞으로 무엇을 하고, 어떻게 살지에 대한 답을 주는 것이기
도 하고 말이야.

그래서 선생님들이 책을 썼어. 이 질문들에 대한 답을 함께 찾아보려고 말이야. 10대 때 이 질문들에 대한 답을 찾는 건 참 중요한 일이야. 태어날 때 부모님이 나에게 이름을 주셨다면 제2의 탄생에서는 내가 나에게 새로운 이름을 주어야 해. 나는 누구인지, 그리고 어떤 삶을 사는 사람인지 말이야. 나를 알기 위해 나에 대해 묻고 답하는 과정에서 만난 나는 어떤 모습이든 소중할 거야. 혼란이라는 머나먼 길을 돌아서 만났기 때문이지. 그래도 이 말을 꼭 해주고 싶어.

"앞으로 뭘 해야 할지 모르겠고 미래만 생각하면 머리가 복잡하다고? 잘하고 있어. 충분히 혼란스러워해."

그런데 너희 선생님들 잔소리 싫어하지? 그래서 짜잔, '마리i'가 탄생하게 되었어. 때로는 친구 같고 또 때로는 선생님이나 부모님 같은 존재인 마리i랑 그 이야기들을 나눠보면 더 좋겠지? 마리i의 'i'는 '나'를 뜻하지만, 소리 내어 읽으면 마리아이, 즉 'child'의 '아이'가 되기도 해. 그러니까 편하게 '마리아이'라고 불러줘. 마리아이는 선생님들이 '너희가 이렇게 성장했으면 좋겠다'라고 생각하는 건강한 자아상을 가진 10대의 캐릭터야.

'부디 이렇게만 성장해다오!'

이런 바람을 담아 지난 1년 동안 빚고 빚어 탄생시킨 아이야. 이 책을 만드는 과정은 정말 쉽지 않았어. '정체성'이라는 주제로 글을 쓴다는 것이 아무도 가보지 않은 험난한 오지를 헤매는 것 같았다고 할까? 어쟀든 우리가 지난 1년 동안 고민하고 또 고민해서 세상에 내놓은 아이니까 많이 사랑해줘.

마리i의 첫 번째 이야기는 당연히 '정체성'이겠지? 앞으로 우리가 하려는 모든 이야기의 밑바탕이 되는 것이니까. 다음은 10대 시절에 건강한 자아를 쌓기 위해 꼭 필요한 것들, 즉 불안, 효능감 등 우리 마음을 알아가는 데 도움이 되는 이야기들을 할 거야. 이 책을 덮을 때쯤 만나게 될 나는 어떤 모습일지 기대되지 않니? 마리아이, 곧 만나자고!

2017년 9월
따돌림사회연구모임 교실심리팀

## PART 4 ··· 나 바로 세우기

## PART 5 ··· 내가 나를 안아주기

내 필통에서 벌레가 나왔다.

나는 너무나 놀라서 그 자리에 주저앉았다.

아이들은 그런 내 모습을 보며 즐거워했다.

벌레를 누가 넣었는지는 알 수가 없었다.

선생님에게 말씀드렸지만 그때뿐이었다.

복도를 지나갈 때 아이들이 일부러 어깨를 부딪혔다.

급식실에서 혼자 밥을 먹으면 여기저기서 힐끗 쳐다보았다.

그래서 급식을 먹으러 가지 않았다.

화장실에서 몰래 과자를 먹다가 눈물이 났다.

몸이 아파 며칠간 학교에 가지 않았다.

아빠가 왜 학교에 가지 않느냐고 물었다.

사실은 따돌림을 당했다고 말했다.

아빠는 네가 어떻게 행동하길래 따돌림을 당하느냐고 했다. 말문이 막혔다.

오랜 시간이 지났지만 학창 시절의 기억은 낙인처럼 지워지지 않는다.


∙ ∙ ∙ ∙ ∙


내 편인 사람도, 나를 위로해줄 사람도 없는 혼자인 나.

내 모습이 너무 가엾어 내가 나를 위로한다.

혼자인 나를 위해 울어준다.

나는 나를 받아들인다.

부모님이
이혼했다

엄마와 함께 살게 되었다.

이사를 했다.

집에 평화가 찾아왔다. 이 시간이 행복했다.

엄마랑 살고 있는 집에 아빠가 찾아왔다.

시끄러운 전쟁을 피해 구석진 방 책상 밑에 자리를 잡았다.

어둠 속에서 펜을 꺼내 내 장례식에 올 사람들을 적었다.

하염없이 눈물이 흘렀다.

퉁퉁 부은 눈으로 학교에 갔다. 내 얼굴을 감추고 싶었다.


· · · · ·


부모님이 이혼했다.

상처입은 나의 마음을 누가 볼까봐 포장하며 살았다.

그래도 이제 나는 나의 모습을 받아들이려 한다.

포장하며 살았던 나를 있는 그대로 온전히 받아들이려 한다.

나는 나를 받아들인다.

태어났다

엄마는 외국에서 한국으로 시집을 왔다.

그래서 엄마는 한국말이 서툴다.

할아버지는 엄마한테 한국말만 사용하라고 하셨단다.

그런데 엄마는 한국말이 서툴렀고 그래서 나도 한국말이 서툴다.

학교에 가니 공부가 너무 어렵다. 꼴찌다.

친구들이 놀린다.

너희 나라로 가라고 한다. 나는 한국 사람인데.

집에 가기 싫고 같이 놀 친구도 없어서 운동장에서 몇 시간 동안 그네를 탔다.

나는 여기 있으면 안 되는 사람 같다.


· · · · ·


나는 친구들과 생김새가 다르다.

잘못한 것도 없는데 늘 차별받으며 살았다.

그래도 나는 나의 모습을 부정하고 싶지는 않다.

세상이 나를 받아들이지 않아도 나는 나를 받아들인다.

소년원에
갔다

나의 기억에 아빠는 없다.

엄마는 힘들고 바쁘게 일을 하신다.

학교에 갔다가 집에 오면 아무도 없다.

늘 나가서 놀았다.

형들과 놀았는데 형들이 오토바이를 태워줬다. 즐거웠다.

어느 날 형들이 오토바이를 줬다. 신이 났다.

며칠 후 형사들이 찾아왔다. 그 오토바이는 훔친 것이었다.

소년원에 가게 되었다.

엄마가 무너지는 모습을 보게 되었다.

고등학교 졸업을 하지 못했다.


. . . . .


나의 삶은 어디서부터 잘못된 것일까?

나의 미래는 어떻게 될까?

엄마에게 죄송하다.

후회스럽지만 이런 나라도 나는 나를 받아들인다.

언제부터인지 모르겠지만

내 몸속의 모든 세포가 죽어 있는 것만 같다.

친구들이 아무리 재미있는 이야기를 해도 리액션을 할 수가 없다.

학교에 오면 1교시부터 종례 시간까지 비몽사몽하는 날들이 이어진다.

오늘도 수업 시간에 자다 깨다를 반복하다보면 하루가 지날 것이다.

수업을 듣고 싶어도 아는 내용이 하나도 없다.

영어, 수학은 포기한 지 오래다.

다른 과목 공부를 지금 시작한다고 해서 잘할 수 있을 것 같지도 않다.

나는 매일매일 수업이 끝나기만을 기다린다.


. . . . .


'나는 원래 이런 아이니까 이렇게 쭉~ 살아도 상관없다!'

이렇게 인정은 하지만 왠지 불안하다.

이제는 이런 내 모습이 싫다.

이런 내 모습에서 벗어나고 싶다.

나는 나를 받아들인다.

나는 나를
받아들인다

비참한 나

가엾은 나

혼란스러운 나

의미 없는 나

어떤 나든 나의 하루하루는 켜켜이 쌓여간다.


나는 나를 보았다.

아무도 모르는 가엾은 아이

온몸에 삐죽삐죽 가시가 돋았다.


나는 나에게 손을 내밀어 와락 끌어안는다.

날카로운 가시가 내 마음을 찔러도 나는 나를 받아들인다.


촉촉이 젖은 눈을 뜨고 보니

아이는 온데간데없고

어느샌가 새로운 내가 기지개를 켜고 있다.


· · · · ·


정체성, 나는 누구인가?

PART 1

## 너는 누구니?

이상한 경험

아리송한 나의 정체

나와 대화하기

나 사용 설영서 만들기

나만의 보석 찾기

나의 인생 질문은 뭘까?

# 이상한
# 경험

어느 날 점심시간, 나는 이상한 경험을 했어. 교실 창밖으로 운동장에서 아이들이 뛰어노는 모습을 보고 있었어. 그런데 문득 이상한 기분이 드는 거야. 왜 죽을 때 영혼이 되어서 자신의 몸을 본다고 하잖아. 내가 교실 저 위에서 나를 내려다본다고 할까! 운동장을 바라보는 나를 또 다른 내가 내려다보고 있었어. 시간이 느리게 가면서 내 몸이 교실을 둥둥 떠다니는데, 뭐가 뭔지 모르게 많이 혼란스러웠어.

'나는 교실에서 혼자 뭐 하고 있지?'

'나는 왜 이렇게 살고 있지?'

그런데 알고 보니 그리 이상한 일이 아니었어. 다른 사람들도 그런 경험을 많이 했다고 해. 너도 그런 경험을 한 적 있어?

나는 고민이 많은 편인 것 같아. 다들 열심히 공부하라고 하고 열심히 살라고 해. 하지만 나는 내가 하고 싶은 것이 무엇인지도 모르겠고, 왜 열심히 살아야 하는지도 모르겠어.

'열심히 살자.'

말은 좋아. 그런데 왜 그래야 하지? 나는 도무지 그 이유를 못 찾겠더라고. 사람들은 꿈을 이야기하곤 하지. 내가 싫어했던 질문 중 한 가지가 이거야.

"넌 꿈이 뭐니?"

난 잘 모르겠어. 그런데 또박또박 대답하는 아이들을 보면 부럽기도 해.

'어떻게 저 아이는 자신의 미래에 확신이 있지?'

'왜 저 길을 가고 싶을까?'

그래도 나는 책을 보는 것은 좋아했던 것 같아. 고민도 많고 책도 좋아하니 이런저런 책을 읽어보았지. 그러다 내 고민이 어떤 것인지 알게 되었어. 정체성에 대한 고민이었던 거야. 정체성이란 내가 누구이고 어떻게 살아야 하는지를 아는 것이라는데, 쉽지 않은 것 같아. 너는 어때? 너에 대해 잘 알고 있어?

'너는 어떤 사람이야?'

'앞으로 어떻게 살아갈 거야?'

아이참, 내 소개를 안 했네. 나는 '마리아이'라고 해. 짜잔, 내가 왜 나타난 것 같니? 너희랑 이야기를 나눠보고 싶어서야. 우리는 어떤 사람인지, 어떻게 살아가야 하는지에 대해서 말이야.

나는 어렸을 때 《이상한 나라의 앨리스》라는 이야기를 좋아했어. 내가 읽어달라고 조르면 할머니는 이 이야기를 몇 번이고 들려주곤 했어. 할머니의 이야기를 듣다보면 마치 내가 앨리스가 되어 신비스러운 세계 속을 여행하는 기분이 들었지.

앨리스는 여행길에서 시계를 든 토끼, 말하는 문고리, 질투하는 꽃, 작아지는 유리병, 심술쟁이 여왕 등을 만나는데 그중 담배 피는 애벌레

가 매우 인상적이었어. 다짜고짜 돌직구로 물어보는 애벌레의 모습에 앨리스는 당황스러우면서도 묘한 끌림을 느꼈지.

어느 날 애벌레는 앨리스에게 뜻밖의 질문을 했어.

"너는 누구니?"

애벌레의 질문에 앨리스는 말문이 막혔어. 이상한 나라에 간 앨리스는 키가 커졌다 작아졌다 했어.

"하루에도 몇 번이나 키가 커졌다 작아졌다 하니 정신도 없고 잘 모르겠어요."

애벌레는 다시 질문했어.

"그러니까 네가 누구냐니까?"

앨리스는 살짝 약이 올라 애벌레의 질문을 받아쳤어.

"아저씨도 애벌레였다가 번데기로 변하고, 또 나비가 되잖아요. 그럼 아저씨는 자신이 누군지 헷갈리지 않아요?"

그러자 애벌레는 단호하게 말했어.

"난 아닌걸! 넌 네가 변했다고 생각하는구나. 그렇지?"

앨리스는 냉큼 대답했어.

"네, 맞아요. 키가 계속 변하잖아요."

애벌레는 앨리스를 훑어보며 말했어.

"지금 키는 마음에 들어?"

애벌레의 물음에 앨리스는 푸념 섞인 목소리로 대꾸했지.

"조금만 키가 컸으면 좋겠어요. 8센티미터는 너무하잖아요."

애벌레는 의미심장한 말을 남겼어.

"곧 익숙해질 거야."

이상한 나라에 간 앨리스 이야기는 나에게 많은 생각을 하게 만들었어. 몸집이 변할 때마다 앨리스가 겪었던 혼란처럼 나는 여전히 내가 누구인지 잘 모르겠어.

# 아리송한
# 나의 정체

요즘 나는 거울을 많이 봐. 어느 날 거울을 보는데 거울 속의 내가 너무 낯설어 보였어.

'저 아이는 대체 누구지?'

그러자 내가 점점 더 낯설어 보이는 거야. 그 대답이 쉽게 떠오르지도 않고 말이야. 그래서 가족들에게 물어봤어.

"엄마, 저는 누구예요?"

엄마는 나를 자신의 '꿈'이라고 했어. 아빠는 '네가 누구냐니? 너는 너지!'라고 했어. 할아버지는 나를 가리켜 '콩닥거리는 심장'이라고 했고, 할머니는 오히려 나한테 물어보셨어.

"너는 네가 누구라고 생각하니?"

며칠 후 외갓집에 갈 일이 있었어. 외할머니와 외할아버지한테도 똑같은 질문을 해봤어. 외할머니는 내가 '이 세상에서 가장 소중한 선물'이라고 했고, 외할아버지는 나를 '가장 좋은 친구'라고 했어.

여전히 나는 내가 누구인지 잘 모르겠지만, 난 엄마의 꿈, 할아버지의 콩닥거리는 심장, 외할머니의 소중한 선물, 외할아버지의 가장 좋은 친구라고 생각하니 내가 참 특별한 사람이 된 것 같았어.

그런데 학교 친구들은 왜 나를 보면 "멍청이!" "재수 없어!" "못생긴 게"라고 말하는 걸까! 친구들한테 그런 말을 들을 때마다 점점 더 바보가 되어가는 것 같아.

· · ·

한 아이가 있었어. 그 아이의 아버지는 케냐 출신 흑인이었고 어머니는 영국 출신 백인이었어. 그런데 어린 시절 부모님이 이혼을 했고 아이는 어머니와 살았어. 어머니는 다시 결혼을 했는데 이번에는 인도네시아 인이었지.

한번은 백인인 외할아버지와 길을 가다가 돈을 달라고 손을 내미는 흑인을 만났어. 외할아버지는 순순히 돈을 주었지. 잠시 후 외할아버지는 저 사람이 돈을 달라고 한 것은 무섭지 않은데 흑인이라 조금 무서웠다고 말을 해. 아이는 고개를 갸웃거렸어. 외할아버지가 자신을 사랑하는 것은 분명한데, 자신이 외할아버지가 무서워하는 흑인이라는 사실에 매우 혼란스러웠던 거야. 아이는 오랫동안 고민했어.

'나는 누구지?'

'누군가 너는 누구냐고 물으면 나는 뭐라고 대답해야 하지?'

'내 아버지는 흑인인가, 인도네시아 인인가? 엄마가 백인이니 나도 반은 백인인 건가?'

'나는 외할아버지가 사랑하는 손자인가? 아니면 두려워하는 흑인인가?'

아이는 일기에 자신의 고민을 기록했어. 그리고 오랜 고민 끝에 자신이 누구인지, 그리고 어떤 삶을 살아야 하는지 결심했다고 해.

그는 바로 흑인, 백인, 황인 등 여러 인종이 모여 사는 미국에서 가장 인기가 있었던 대통령인 오바마였어.

• • •

어때? 내가 누구인지 알아가는 일이 참 멋진 것 같지 않아? 내가 누구인지 찾아간다는 건 이 세상에서 나라는 사람이 왜 태어났는지, 그리고 어떻게 살아야 하는지를 알아가는 것과 같아. 그러니까 이 세상에서 나라는 사람이 서 있는 곳의 위치를 확인하고, 앞으로 나아갈 방향을 찾아가는 것과 같다고 할까.

얼마 전 서해로 갯벌 체험을 갔어. 체험을 안내해주는 분이 정해진 시간에 꼭 나오라고 신신당부를 했어. 조개를 캐는 데 정신이 팔리면 밀려드는 바닷물 때문에 자칫 위험할 수도 있다고 말이야. 게다가 물안개라도 끼면 육지 쪽이 어디인지 분간하기조차 힘들다고 했어.

먼바다에서 배를 타고 항해하는 사람들은 자신이 어디에 있는지 알기 위해 노력해. 특히 매일 밤하늘의 별을 보며 자신이 어디에 있는지 가늠하곤 하지. 북극성을 찾으면 북쪽을 알 수 있고 위치에 따라 보이는 별자리가 다르거든. 자신이 어디 있는지 북쪽은 어디인지 알아야 얼마나 더 가야 목적지에 닿을지 알 수가 있지. 현재 위치를 모르면 어디로 가야 할지 알 수가 없어.

사람들은 누군가 등대가 되어 자신의 길을 안내해주길 바라지. 스스로 좌표를 그리기보다 남들이 대신 좌표를 정해주길 바라는 것처럼 말이야. 고대 그리스 사람들에게도 다른 누군가에게 전적으로 의존하려는 마음이 있었어. 그 대상은 바로 '신의 계시'였지. 신의 계시를 통해 자신에 대해 쏟아놓은 질문들에 대한 답을 얻고자 했어. 사람들은 자연스레 신을 모시는 델포이 신전으로 몰려갔고 신의 계시를 받기 위해 정성을 다했지.

자신의 삶에 대해 스스로 고민하지 않고 신의 계시든 전문가의 이야기든 다른 사람의 말에 의지하는 것은 위험할 수 있어. 그러니 다른 사람이 '너는 이런 사람이야!'라고 정해주는 대로 따라가는 것은 좋지 않겠지. 인도 라다크 지역의 속담에 '호랑이의 줄무늬는 밖에 있고 사람의 줄무늬는 안에 있다'라는 말이 있어. 자기 내면의 줄무늬는 남이 아

닌 자신을 통해 확인할 수 있는 거래. '내가 누구인지' 고민하고 들여다
보는 과정에서 아리송했던 나의 정체가 드러날 수 있어.

　사람들은 그것을 '정체성'이라고 해.

# 나와
## 대화하기

나는 어떤 사람이고, 어떻게 살아야 할까? 아주 어린 아이는 엄마가 그 모든 답을 가지고 있어. 언제 자고, 무엇을 먹고, 어디를 갈지 엄마가 정해. 그리고 학교에 갈 나이가 되면 친구가 그 답을 주기도 해. 무엇을 할지, 누구랑 놀지……. 때로는 선생님이 답을 줄 수도 있고, 위인전에서 읽은 위인이나 TV에서 본 사람한테서 답을 찾을 수도 있어.

나는 누구이고 어떻게 살아야 하는지는 아주 중요한 질문이잖아. 자신의 삶이 걸린 문제니까. 그런데 이 세상에서 나에 대해서 가장 많이 생각하고 잘 알고 고민하는 사람은 누구일까? 엄마일까? 물론 아주 근접했어. 사실 나를 가장 사랑하는 사람은 누구일지 한 사람만 꼽아보라면 엄마라는 답이 많을 거야.

그런데 엄마가 나를 사랑하는 것과 나를 잘 아는 것은 다른 이야기야.

어린아이라면 몰라도 중·고등학생의 마음을 엄마가 알까? 아마 잘 모를 거야. 그래서 부모들은 만나는 사람들에게 '우리 애가 도대체 왜 그러는지 모르겠어요ㅠㅠ'라고 하소연을 하는 것이겠지. 엄마들이 수다 떠는 인터넷 게시판에는 남자아이들의 경우 네 살만 되어도 왜 그러는지 모르겠다는 하소연도 많다고 해.

선생님은 나를 잘 알까? 담임 선생님이나 상담 선생님은 나를 잘 알까? 물론 매일 교실에서 얼굴을 보고 상담을 하니까 다른 사람들보다는 안다고 할 수 있어. 그런데 그 선생님들이 하루에 몇 분이나 나에 대해 생각할까? 선생님들은 나 말고도 생각해야 할 아이들이 많아. 예전에 신문기사에서 유치원에서 아이 한 명과 담임 선생님이 일대일로 대화를 나누는 시간은 하루에 7분이라는 걸 본 적이 있어. 그렇다면 중·고등학교는 어떨까? 공부 배우고 가르치느라 그럴 시간마저 없겠지.

그럼 누가 나를 잘 알까? 그래, 친구가 있었어. 우리 나이쯤 되면 엄마나 선생님보다 친구와 함께 하는 시간이 더 길잖아. 우리 속담에 '친구 따라 강남 간다'는 말이 있을 정도로 말이야. 실제로 친구 따라 학교를 선택하는 아이들도 있어. 그런데 정말 내 삶을 친구에게 맡겨도 될까? 친구가 좋긴 하지만 그 아이도 나와 나이가 같거나 비슷하잖아.

엄마는 나를 사랑하지만 커갈수록 나를 잘 몰라. 선생님은 전문가이지만 나에게 쏟는 시간이 절대적으로 부족해. 친구는 날 좀 알지만 수준이 나랑 비슷해. 그러면 나는 내 삶의 답을 누구에게 물어봐야 할까?

등잔 밑이 어둡다는 말이 있잖아. 우리가 찾아 헤매는 것은 알고 보면

까르르

까꿍!

가까운 데 있을지도 몰라.

• • •

갓 태어난 아기는 자신과 다른 사람을 구별하
지 못한다고 해. 아기가 기분이 좋으면 아기 눈
에 보이는 엄마도 기분이 좋을 거라고 생각하고, 웃고 있는 엄마를 보
면 자신이 웃고 있는 거라고 생각한대. 그러나 점점 자라면서 자신과
엄마는 다른 사람이라는 걸 인지하게 되지.

그리고 나이를 먹고 다른 사람을 만나면서 그 사람과 자신의 차이를
알게 되고, 나 자신을 알게 되는 경우가 많아. 예를 들면 세상 사람 모
두가 여자라면 여자라는 걸 인식하지 못하고 지낼 거야. 그런데 이성을
만나면서 '남자와 여자는 다르구나' '나는 남자 혹은 여자구나'라는 걸
깨닫게 되지. 다른 사람을 이해하려면 의견을 듣고 대화를 많이 나누라
고 하잖아. 토론을 하든 소통을 하든 이야기를 나누며 서로의 차이를
이해하는 것이지.

그런데 말이야. 아주 어린 아이들은 안 되겠지만 10대부터는 자신과
의 대화가 가능하다고 해. 다시 말해 아주 어린 아이는 엄마와 자신을
동일하게 생각하지만 조금 시간이 지나면 엄마가 자신과 다르다는 것을
알고, 더 나이를 먹으면 다른 사람과 자신의 차이를 알게 되고, 더 나아
가 자기 스스로에게 질문을 하고 답을 찾을 수 있게 된다는 것이지.

따라서 엄마나 선생님, 친구보다 나에 대해 더 관심이 많고 나를 잘 아는 건 바로 '나'라고 할 수 있어. 나에게 세상에서 가장 소중한 것은 나잖아. 내 목숨보다 더 중요한 것은 없잖아. 뭐라고? 너는 너의 목숨보다 중요한 것이 있고 그것을 꼭 이뤄낼 거라고? 정말 그렇다면 정체성이 완벽한 거야. 이 책 덮어!

· · ·

나와 대화를 한다는 것, 어렵게 느껴지겠지만 우리 모두 이미 하고 있는 거야. 책을 읽을 때 우리는 책 속의 주인공과 대화를 하지. 음악을 들을 때도 노래를 부르는 가수와 대화하는 거라고 할 수 있어.

《안네의 일기》라고 들어봤어? 2차 세계대전이 일어났을 때 안네 프랑크라는 소녀가 쓴 일기야. 2년 동안 나치를 피해 집에서 숨어 지내면서 일기를 썼대. 아마 세상에서 가장 유명한 일기일 거야. 안네는 일기장에 '키티'라는 이름을 붙여주었어. 그러고는 매일 일기를 쓸 때 '안녕 키티, 오늘은 ~ 일이 있었어'라고 시작해. 키티라는 일기장이 실제로 안네와 대화를 한 것은 아니니까, 안네는 키티라고 이름 붙인 또 다른 안네와 일기를 통해서 대화를 한 것이지.

우리가 트위터나 페이스북 같은 SNS에 글을 쓰는 것도 일종의 일기라고 할 수 있어. SNS에 쓰는 글 중에는 아무나 또는 내 마음속의 누군가가 봐주길 바라면서 쓰기도 하지만, 그냥 내 마음을 털어놓고 싶어서

쓰는 경우도 있잖아? SNS도 일종의 일기장인 셈인지.

나는 어떤 생각을 하면서 질문을 하곤 해. 그럼 누가 대답할까? 일기장일 수도 있고, 키티일 수도 있고, 나일 수도 있어. 사실 질문도 대답도 내 마음속에 있는 거니까. 우리는 이미 나와 대화를 하고 있어.

# 나 사용 설명서 만들기

우리가 소설을 읽거나 만화를 볼 때 무의식중에 작가와 대화를 하기도 하지만, 주인공과 나를 겹쳐서 생각하기도 해. 이것을 감정이입이라고 하지. 주인공을 괴롭히는 나쁜 놈을 나를 괴롭히는 사람처럼 같이 미워하고, 주인공이 좋아하는 사람은 나도 좋아하게 되고 이런 것 말이야. 주인공이 목적을 이루게 되면 마치 내가 성공한 것처럼 기쁘잖아? 주인공에게 몰입해서 내가 할 수 없는 일을 대신 해주는 주인공에게 대리 만족할 때도 있고, 나도 모르게 주인공과 나를 같은 사람이라고 생각하는 거야. 너희들, 게임 많이 하지? 게임 속 아바타나 캐릭터를 내 모습이라고 생각하기도 하잖아. 비슷한 거야.

이렇게 우리는 가상의 존재, 현실에 없는 존재와 나를 같은 사람이라고 생각할 때도 있지만, 다른 사람을 좋아하면서 그 사람과 나를 같은 사람이라고 생각하고 싶어 할 때도 있어. 학교 다니면서 좋아하는 선생님 없어? 나는 과학선생님을 좋아해서 과학공부를 열심히 했거든. 내 친구는 선생님을 좋아해서 장래희망이 선생님으로 바뀌기도 했어.

아, 좋아하는 멘토 선배도 있었지. 얼굴도 예쁘고, 공부도 잘하고, 피아노도 잘 치고, 심지어 운동까지 잘하는 완전 사기 캐릭터였어. 어떻게 안 좋아할 수가 있겠어. 선배 졸업식 날 설레는 마음으로 선배한테 축하 꽃다발과 선물을 주었어. 그때는 자신의 멘토로 삼고 싶은 선배를 좋아하는 게 유행이어서, 내 친구들 모두 각자 좋아하는 선배가 한 명씩 있을 정도였어. 선배한테 줄 선물을 사러 갈 때 친구들이 다 같이 우르르 몰려가기도 했어. 요즘 TV에 나오는 연예인들 중에는 어렸을 때 좋아하던 연예인을 만나려고 열심히 노력해서 연예인이 되었다는 사람들도 있잖아? 이처럼 우리는 좋아하는 사람을 닮아가고 싶어 하지.

• • •

내가 좋아하는 사람은 책 속에 있을 수도 있고, 학교에 있을 수도 있으며, TV 속에 있을 수도 있어. 우리가 누군가를 좋아할 때 우리는 그 사람이 멋지다고 생각하고, 그 사람처럼 멋진 사람이 되고 싶다고 생각해. 그래서 닮아가는 거야. 나도 모르게 마음속으로 이런 말들을 하면서 말이야.

'그 사람이라면 이럴 때 어떻게 할까?'

'그 사람이라면 그러지 않을 거야.'

그러고는 그 사람처럼 멋진 행동을 하려고 노력해. 여기에도 나와의 대화가 있어. '그 사람이라면~'이라고 생각하는 것, 마음속의 그 사람과 대화하는 것이지만 실제로는 마음속에서 나와 내가 대화하는 거야.

미국 소설가 너새니얼 호손이 쓴 〈큰 바위 얼굴〉이라는 작품이 있어. 얼굴처럼 보이는 큰 바위가 있는 산 아래에서 태어난 소년이 그 바위를 늘 바라보면서 큰 바위 얼굴과 같은 사람이 되고 싶다고 생각하고,

큰 바위 얼굴이라면
어떻게 행동했을까?

나이가 들었을 때 큰 바위 얼굴과 비슷한 얼굴을 갖게 되었다는 내용
이야. 그 마을에는 주인공 소년뿐 아니라 다른 아이들도 큰 바위 얼굴
을 보면서 자랐을 텐데 어째서 주인공 소년만 큰 바위 얼굴과 같은 사
람이 되었을까? 주인공 소년은 아마도 마음속으로 늘 큰 바위 얼굴과
대화를 했을 거야.

'큰 바위 얼굴이라면 어떻게 행동했을까?'

이렇게 나와의 대화를 계속하면서 큰 바위 얼굴과 같은 정체성을 만
들어갔을 거야.

• • •

그리고 내가 좋아하는 사람에게서 '어, 이게 아닌데?'라는 느낌을 받
는 순간이 있어. 나랑 생각이 비슷한 친
구라고 생각했는데, 생각이 다르
다는 걸 알았을 때 실망하기도
하지. 하지만 그때가 나의 독
특함을 발견하는 순간이라고
생각할 수도 있어. 이렇게 남과
다른 나만의 것을 찾아가는 과정이
나의 정체성을 찾아가는 과정이야.

사람은 누구나 정체성을 찾고 싶어 해.

정체성을 찾는다는 것은 다른 사람에게 보여줄 '나 사용 설명서'를 만드는 과정이라고 생각할 수도 있어. 이를테면 '저는 ~을 좋아하고, ~을 싫어합니다. 그러니 ~~은 하지 말아주세요'와 같은 것 말이야. 내가 무엇을 좋아하고 무엇을 싫어하는지를 알아야 설명서를 제대로 쓸 수 있지 않겠어?

만약 친구가 '내가 좋아하니까 너도 좋아하는 줄 알았어'라고 말한다면, '나는 그건 별로 좋아하지 않으니 그렇게 하지 말아줘'라고 말할 수도 있어. 이런 친구와의 대화뿐 아니라 내 마음속에서 나 자신과 대화를 하면서 나에 대해서 자세하게 알아가는 과정이 곧 나의 정체성을 찾아가는 과정이야.

# 나만의
# 보석 찾기

철학자 소크라테스(Socrates)는 고대 그리스에서 가장 번화한 도시국가였던 아테네에서 태어났어. 아버지 소프로니코스는 석공이었고 어머니 파이아레테는 아이를 잘 받기로 유명한 산파였지.

소크라테스는 부모님의 보살핌 아래 남부럽지 않게 자랐어. 하지만 그는 너무나도 못생긴 얼굴 때문에 사람들에게 놀림을 받았지. 대머리에 크고 둥근 얼굴, 거친 피부에 두꺼비처럼 튀어나온 눈, 넙죽하고 붉은 코에 두꺼운 입술 등 그의 독특한 생김새는 어딜 가나 웃음거리였어.

하지만 소크라테스는 아랑곳하지 않고 자신의 내면을 가꿔나갔어. 어느 순간 사람들의 마음속에 못생긴 소크라테스는 온데간데없고 '지혜로운 소크라테스'가 자리 잡았어. 아름다운 청년들도 마을의 유력한 인사들도 그를 따랐지.

어느 날 잔뜩 주눅이 든 제자가 찾아와 소크라테스처럼 지혜로운 사람이 되고 싶다고 했어. 소크라테스는 제자를 바닷가로 데려가 바닷물에 그의 머리를 처박았지. 필사적으로 빠져나오려는 제자를 놓아주며 이렇게 말했어.

"물속에서 간절히 원했던 것은 무엇인가?"

"숨을 쉬고 싶었습니다."

"그렇다네. 절실하게 숨 쉬고 싶은 만큼 지혜를 구하면 얻을 수 있는

거라네!"

자신에게 끊임없이 질문을 던지며 자신만의 철학을 세운 소크라테스는 열등감에 빠진 사람들에게 많은 교훈을 주고 있어.

• • •

그래도 외모에 대해 민감해지는 건 어쩔 수 없는 것 같아. 소크라테스처럼 외모에 전혀 신경 쓰지 않기도 쉽지는 않지. '후광 효과(halo effect)'라는 말이 있어. 심리학자 캐런 디온(Karen Dion)과 그의 동료들은 1972년에 실시한 연구를 통해 다음과 같은 답을 얻게 되었지. 60명의 사진을 보고 각자의 느낌을 물었을 때 잘생기고 예쁜 사람일수록 더 능력 있고 성격도 좋을 것 같아 보인다는 거야. 다시 말해 얼굴이 예쁘거나 잘생기면 후광이 생겨 그 사람의 모든 것이 다 좋아 보인다는 후광 효과가 작용한 것이지. 예쁜 것을 좋아하는 것은 사람의 본능이기도 해. 하지만 겉모습만 그럴싸하게 포장된 아름다움은 오래갈 수 없어. 화려한 꽃도 결국 오래지 않아 시드는 것처럼 말이야.

아주 부자인 남자가 있었어. 그런데 그 부자의 부인은 얼굴이 그다지 예쁘지 않았어. 그래서 한번은 누가 물었대. 당신은 왜 예쁜 여자와 결혼하지 않았느냐고 말이야. 그랬더니 부자가 이렇게 말했어.

"아시다시피 저는 부자입니다. 그리고 시간이 지날수록 돈은 더 많아지겠지요. 특별히 사업을 하지 않고 돈을 은행에만 넣어두어도 이자가 불어날 테니까요. 그런데 여자의 얼굴은 시간이 지날수록 늙습니다. 그래서 얼굴만 보고 결혼하는 것은 제 손해입니다. 눈을 사로잡는 여자의 미모는 순간이지만 감동을 주는 여자의 진심은 영원한 것이니까요. 쉽사리 변해버릴 마음보다는 한결같은 마음을 보고 결혼하는 게 낫지요."

우리는 소크라테스의 외모보다는 그의 철학을 기억하지. 물론 예쁘거나 잘생긴 사람에게 반해 연애를 할 수 있어. 그래도 배우자만큼은 외모보다는 내면을 바라보라고 말하고 싶어.

자신만의 보석을 찾아야 해. 소크라테스는 자신이 몰두하는 철학에 대한 고민으로 못생긴 외모 같은 건 신경 쓸 겨를이 없었어. 오히려 외모 때문에 고민하기보다는 재치 있는 유머감각으로 자신의 진가를 뽐냈어. 그리고 그의 철학은 2천 년이 더 지난 지금까지 많은 사람들에게 감명을 주고 있지.

* * *

나만의 보석을 어떻게 찾을 수 있을까? 이 이야기를 들어보면 좀더 자신감이 생길 거야.

어느 날 한 제자가 부처에게 찾아와 물었어.

"스승님, 제 안에는 두 마리의 개가 살고 있는 것 같습니다. 한 마리는 매사에 긍정적이고 사랑스러우며 온순하고, 다른 한 마리는 아주 사납고 성질이 나쁘며 매사에 부정적입니다. 이 두 마리가 항상 제 안에

서 싸우고 있는데 어떤 녀석이 이기게 될까요?"

부처는 잠시 침묵을 지키더니 짧게 한마디 했어.

"네가 먹이를 주는 놈이다."

• • •

일상을 살아가다보면 조마조마할 때가 있고 갈등을 겪을 때가 있으며 도무지 감이 안 잡힐 때가 있어. 갖가지 재료들을 넣어 끓이는 라면에 거품이 잔뜩 올라오는 것처럼 내면에 있는 수많은 '나'가 수면 위로 떠오르는 순간이야.

내가 뭘 원하는지 나도 잘 모르는 경우가 많아. 이렇게 하고 싶기도 하고 저렇게 하고 싶기도 해. 똑같은 상황에서도 어떨 때는 좋고 어떨 때는 또 싫어. 다양한 모습을 하고 있는 이러한 나의 모습은 서로 충돌하기도 해. 마치 이상한 나라의 앨리스 몸이 이렇게 저렇게 변하듯이 나의 마음도 그렇게 변하지.

그런데 내 마음이 너무 복잡하거나 충돌을 빚으면 골치가 아파 더는 자신을 들여다보고 싶지 않게 돼. 그런 막막함 때문에 회피하고 싶은 마음이 들어.

자신의 내면을 들여다보는 것은 다양한 '나'의 모습에 먹이를 주는 것과 같아. 그런데 어느 한쪽에 치우쳐서 먹이 주기를 차별한다면 나 자신과의 대화는 금방 깨져버리고 말아. 외면당한 나의 모습은 먹이를 달라고 떼를 쓰며 혼란을 일으키게 돼. '진지한 나'에게만 먹이를 주고 '웃긴 나'를 굶긴다면 틀에 박힌 '진지충'이 되어 유연하게 대처하질 못하지. 그래서 더욱 공정한 시선 속에 좋은 모습도 싫은 모습도 애매한 모습도 의미 있는 파트너로 삼아 폭넓은 대화를 이끌어가야 해. 그렇게 폭넓은 대화를 이끌어가다보면 그중에 내가 먹이를 계속 주는 나를 발견하게 될 거야. 그 먹이를 계속 주는 내가 '나의 원석'이야. 원석이 보석이 되려면 더욱 열심히 갈고 닦아야 해. 그것을 위해 절대적으로 노력하는 시간이 필요해.

1만 시간의 법칙이라고 들어봤어? 무슨 일이든 1만 시간 정도 하면 달인의 경지에 오르게 된다는 거야. 하루 8시간 일한다면 1년에 대략 2천 시간, 5년이면 1만 시간이지. 한 분야에서 5년쯤 열심히 일했다면 그

분야에서 나름대로 전문가 소리를 듣겠지. 취미생활로 매일 2시간쯤 무엇인가 열심히 한다면 20년쯤 지나면 취미를 넘어 그 분야에서 독보적인 사람이 될 거야.

그런데 5년 동안 한 가지를 열심히 하거나 취미생활 한 가지를 꾸준히 20년을 한다는 게 쉬운 일은 아니야. 1만 시간이 말이 쉽지 누가 시켜서 한다고 되는 일이 아니잖아. 작심삼일이라잖아. 왜 그렇게 많은 사람들이 다이어트에 실패하는데. 헬스장에서 5년 동안 하루에 8시간 운동하면 보디빌더 몸매가 된다는 것 누가 몰라? 하루에 2시간씩 20년 운동하면 TV에 나올지도 몰라. 그런데 하루 2시간씩 20년은커녕 1주일도 하기 힘들잖아.

안 그래? 어떻게 하면 1만 시간 이상의 무엇인가를 할 수 있을까?

# 나의 인생 질문은 뭘까?

사람들은 꿈에 대해서 많은 이야기를 해. 그런데 막상 친구들에게 꿈이 뭐냐고 물으면 대부분 눈만 껌뻑이지.

꿈에 대한 질문을 꺼내면 대답을 잘하는 친구들도 있지만 절반 이상은 뭘 어쩌라는 거냐는 눈빛으로 쳐다볼 뿐이야. 하지만 내 친구들이 꿈이 없다고 해서 무시해서는 안 돼. 세계 4대 성인인 공자는 스스로 열다섯 살에 공부에 뜻을 두고, 서른 살에 기초를 세웠으며, 마흔 살이 되어서야 흔들림이 없었고, 쉰 살에는 하늘의 뜻을 알았다고 해. 공자도 열다섯 살 때는 그저 공부 열심히 하자는 생각을 했을 뿐이야. 이 세상을 위해 꼭 해야 할 일, 하늘의 뜻은 쉰 살에 알아도 된다는 것이지.

꿈이란 것은 조금은 원대한 밑그림, 삶의 방향이야. 그런데 어른들은 꿈을 직업 선택으로 바라보는 경향이 있어. '넌 꿈이 뭐야?'라는 질문이

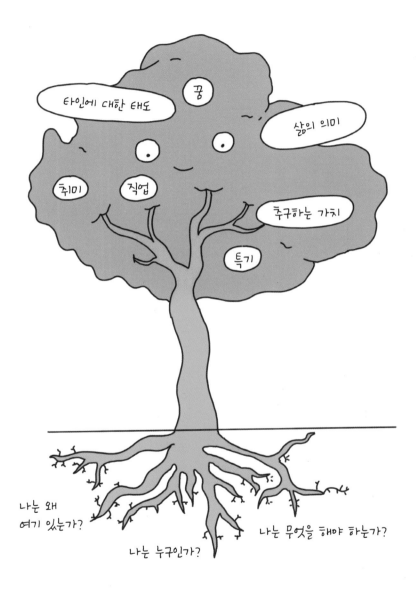

사실은 '너의 직업을 빨리 정해!'라는 말처럼 들려. 꿈에 대한 정확한 의미를 모르는 상황에서 눈만 껌뻑이는 친구들의 반응은 지극히 자연스러운 거야.

우리는 삶의 방향을 찾아가기 위해서 당장 어떤 직업을 고르기보다는 뿌리를 튼튼히 해야 해. 뿌리 깊은 나무는 바람에 쉬이 흔들리지 않는다고 했어. 나는 누구인지, 나는 왜 여기 있는지, 내가 하고 싶은 것은 무엇인지를 고민하는 것이 뿌리가 되지. 그 뿌리를 일컬어 '정체성'이라고 해.

· · ·

'인생 질문'이라는 말이 있어. 평생을 안고 살아가는 질문이라는 뜻이지. 심리학자 앨버트 엘리스(Albert Ellis)는 '불안'에 대해 깊이 연구했고 그 분야에서 세계적인 업적을 쌓았어. 그런데 그가 불안에 대해 연구하게 된 이유가 재미있어. 그는 어린 시절 유난히 불안해했다고 해. 이유 없는 불안 때문에 일상생활에 문제가 있을 정도였지. 그는 '나는 왜 이렇게 불안하지?'라는 질문을 가졌어. 그래서 여기저기 알아보았지만 제대로 알려주는 사람이 없었어. 불안이란 무엇인지 아무도 알려주지 않자 스스로 그 질문을 해결하려고 노력했어. 그러다 문득 뒤돌아보니 세계 최고의 불안 심리 치료사가 되어 있었다고 해. 알고 싶은데 알려주는 사람이 없으니 자신이 그 길을 직접 개척한 거야.

누가 동영상 좀
찾아주면 안 될까?

응?

우리가 요즘 많이 이용하는 유튜브를 만든 청년 이야기도 재미있어. 어느 날 한 청년이 뉴스에 나온 조금은 야한 동영상을 인터넷에서 찾아보려고 했어. 그런데 아무리 인터넷을 뒤져도 못 찾겠는 거야. 그런 동영상이 있다는 사실은 확인했는데 막상 해당 동영상을 찾으려니 막막하기만 했어. 그래서 '누가 동영상 좀 찾아주면 안 될까?'라고 생각했지. 결국 친구들과 함께 동영상 공유 사이트를 만들었는데, 그것이 바로 유튜브야.

유튜브만큼 세계인들을 사로잡고 있는 페이스북에 대한 이야기도 빼놓을 수 없지. 젊은 부자로 유명한 페이스북의 마크 저커버그 회장은 그의 성공에 대해 묻는 질문에 이렇게 대답했어.

"저는 운이 좋았습니다. 저는 저에게 가치 있는 일을 찾았고 운 좋게 여러 능력 있는 분들과 함께 그 일을 하고 있습니다. 여러분도 여러분만의 가치 있는 일을 찾고 그 일에 함께할 동료를 모아보세요. 그 후에는 그저 그 일을 하면 됩니다. 그뿐이에요."

이들의 말을 들어보면 자신만의 질문, 자신만의 숙제를 정하는 것이 첫 번째라는 생각이 들어. 그것이 인생 질문 혹은 인생 숙제가 될 거야. 그래서 '넌 꿈이 뭐야?'라는 질문을 이렇게 바꿔보면 어떨까? '네가 평생이 걸리더라도 간직하며 풀고 싶은 질문이 있니?' 아니면 '네가 평생이 걸리더라도 해결하길 바라는 숙제가 있니?' 이러한 질문과 숙제를 오랫동안 품은 사람은 바람에 흔들리지 않는, 정체성이 분명한 사람이 될 수 있을 거야.

앞에서 1만 시간의 법칙이란 말을 했잖아. 그런데 1만 시간 동안 무엇인가를 열심히 하려면 그것이 나에게 중요한 의미가 있어야 해. 평생이 걸리더라도 반드시 풀고 싶은 그 무엇이어야 하지. '나는 왜 이렇게 불안하지?' '불안이란 뭐지?' '어떻게 하면 불안을 없앨 수 있지?' 앨버트 엘리스는 자신이 고민하던 문제를 풀기 위해 평생을 노력했어. 자기 문제니까 1만 시간이 아니라 10만 시간이라도 열심히 했을 거야.

• • •

요즘은 대학에 가려고 보는 수능 시험에서 한국사가 필수야. 공무원이 되기 위해서도 한국사 시험을 봐야 하지. 왜 그렇게 역사를 중요시할까? 일본과 중국에서 우리나라 역사를 가지고 장난치려는 것을 막으려는 이유도 있지만 역사 자체도 매우 중요하기 때문이야.

그렇다면 역사란 무엇일까? 영국의 역사학자 E.H. 카(E.H. Carr)는 '역사는 현재와 과거 사이의 끊임없는 대화'라는 명언을 남겼어. 과거의 모든 사실이 다 역사가 될 수는 없고 잊혀지는 것들이 대부분일 거야. 지금 살고 있는 우리와 소통하는 과거의 기억들이 역사일 거야. 역사의 의미도 우리가 어떻게 부여하느냐에 따라 달라지겠지.

우리의 삶도 하나의 역사야. 아니, 나에게는 가장 중요한 역사이지. 옛날 임금님 이야기보다 내 첫사랑이 훨씬 중요하잖아. 안 그래? 인생이란 역사를 마주하면서 과거의 나에게 현재의 내가 질문을 했으면 해. 역사는 현재와 과거의 끊임없는 대화라잖아. 그러한 과정 속에서 미래의 나의 모습을 선명하게 그려갈 수 있어.

공무원 시험에서 한국사를 보는 것처럼 각종 면접을 치를 때 자기소개서를 써오라고 하지. 자기소개서는 곧 자신의 역사야. 내 삶에서 과거의 의미 있던 그 무엇인가가 지금의 나에게 어떤 영향을 주었는지, 과거의 나와 현재의 내가 어떻게 소통하는지 다른 사람들도 궁금해하거든.

자, 이제 곰곰이 생각해봐.

나는 누구지? 왜 여기 있고 뭘 하고 있지? 어린 시절의 나는 어떻게 살아왔고 지금의 나는 어떻게 살아가고 있지? 나에게 평생이 걸리더라도 풀고 싶은 인생 질문은 무엇이지?

PART 2
# 난 중2,
## 존재의 허세

내가 선택하는 제2의 탄생

뿌리 깊은 나무는 바람에 아니 흔들릴세

교실 자리 배치도

인간의 욕구

사춘기, 너희를 분석해주마!

중2, 세상아! 내가 만만하냐?

새는 알에서 나오려고 싸운다

# 내가 선택하는 제2의 탄생

안녕? 나 다시 마리아이야. 이제 정체성이 뭔지 조금 알겠니? 그래, 정체성이란 결국 '나'를 찾는 거야. 이런 말이 있잖아.

'야, 너답지 않게 왜 이래!'

'뭐? 나다운 게 뭔데!'

이렇게 말하면 대답할 말이 없긴 하지. 너다운 것은 이런 거잖아. 이렇게 말하기도 어렵고 말이야. 역시 그 사람답다!(👍) 어떻게 하면 이런 말을 들을 수 있을까?

그런데 내 이름이 마리아이잖아. '마리'에다가 '아이'를 붙인 거야. 마리가 원래 이름이고 아이를 붙였지. 아이는 'I', 즉 '나'라는 뜻이야. 그리고 'child' '애들'이라는 뜻도 되지. 10대의 정체성을 찾아보자는 의미로 붙인 이름이야. 어때, 멋있어? 그냥 하던 이야기나 하라고? 어, 그래

알았어. 할게, 한다고!

· · · ·

왜 10대에 정체성에 대해 생각해봐야 할까? 어린아이는 자기밖에 모르고 먹고 싶은 것이 있거나 갖고 싶은 장난감이 있으면 떼를 써. 자기중심적이지. 그런데 사춘기가 되면 어느 날 문득, 내가 나를 바라봐. 나의 모습을 내가 지켜보는 것이지. 그리고 그즈음부터 이상한 소리가 들리기 시작해.

'넌 왜 그러고 있니?'

평상시와 똑같이 밥 먹고 학교 가고 아이들과 놀다가 집에 가. 왜 그러냐니? 그게 이유가 필요해?

'너는 왜 사니?'

에잇, 왜 살다니? 그럼 죽으란 말이야?

'너는 누구니?'

이러지 마. 나는 마리아이야. 누구야?
누가 이런 쓸데없는 질문을 하는 거야?
그래, 질문을 하는 사람은 바로 내 자신
이야.

사춘기는 변화의 시기이자 정체성 확
립의 시기라고 해. 바뀌는 것도 많고 자

신의 내면에서 들리는 질문에도 답을 해야 해.

어른들은 이런 질문에 나름대로 답이 있어.

'애들 때문에 산다. 죽지 못해 산다.'

하다못해 이런 답이라도 하지.

하지만 청소년이 되어 어린아이일 때는 들리지 않던 내면의 목소리를 듣게 되면 당황스러워. 그래서 답을 찾아야 해. 찾지 않으면 안 돼. 엄마가 시키는 대로 살면 된다고 생각하거나 실제로 엄마가 시키는 대로 사는 아이들이 많아. 그러나 그렇게 살다가는 어른이 되어서 펑 하고 삶이 터져버릴지도 몰라. 대학에 가서 전공을 바꾸거나 취업한 후 직장을 바꾸고 다시 대학으로 돌아오는 경우가 많아. 사실 이것은 당장은 힘들어도 멀리 내다보면 큰 문제가 아니야.

엄마가 시키는 대로 공부하고 직장 다니고 결혼도 했어. 그런데 뒤늦게 사는 것에 회의가 들어.

"여보, 아이들아, 미안해. 난 이제 내 삶을 찾아야겠어. 안녕～."

이렇게 떠나버리면 남은 사람은 어쩌라는 거야.

정체성 문제는 자신에게도 물론 아주 중요한 일이고 주변 사람들에게도 큰 영향을 끼쳐.


∙ ∙ ∙


우리가 아기였을 때를 떠올려봐. 아기는 태어나고 싶어서 태어났을까? 아마 그렇지는 않았을 거야. 부모님이 생명도 주시고, 행복도 주셨을 거야. 배부르게 먹이고, 토닥토닥 재우고, 뽀송뽀송한 잠자리를 마련해주면 아기는 더할 나위 없이 행복하겠지.

그러나 자라면서 자신이 누구인지, 자신의 장단점이 무엇인지 진지하게 고민하기 시작해. 자신의 내면을 바라보고 스스로에게 질문을 던지는 거야. 바로 지금, 10대 시절이지. 그런 과정을 거치면서 스스로 행복을 찾아야 해. 그래야 내가 행복하고 다른 사람과 잘 지낼 수도 있어. 그래서 자신의 정체성을 찾는 일을 제2의 탄생이라고 해. 첫 번째 탄생은 아기가 선택한 것은 아니었지만, 두 번째 탄생은 10대 때 겪는

방황과 고민을 통해 스스로 선택한다고 볼 수 있어.

이런 10대 시절이 지나고 어른이 된다고 해서 내가 누구인지 다 아는 것은 아니야. 제2의 탄생인 정체성에 대해 깊게 고민해보지 않은 사람들도 많으니까. 아기가 태어날 때 엄마도 고통을 겪지만, 태어나는 아기도 꽤 힘들다고 해. 열 달간 양수 속에서 편안히 헤엄치던 아기는 자신의 의지와는 상관없이 빛과 소리와 같은 자극으로 가득한 세상으로 떠밀려나오게 되고 그 급격한 변화에 놀라서 울음을 터뜨리는 거야. 이렇듯 탄생은 아기에게도 힘든 과정이야. 청소년기에 정체성을 찾는 것을 제2의 탄생이라고 부르는 것도 그만큼 힘들기 때문일 거야.

# 뿌리 깊은 나무는 바람에 아니 흔들릴세

　너희 그거 알아? 우리나라 10대의 사망률 1위가 자살이래. 그러니까 10대인 우리가 삶의 의미를 찾는 일은 생존이 걸린 절박한 문제이기도 하지. 살인사건이 나면 그 원인을 열심히 찾고, 전염병이 돌면 어디서 어떤 경로로 퍼졌는지 추적 조사를 해. 그런데 이상하게도 자살은 원인을 열심히 찾기보다는 '가정불화, 성적 비관' 등으로 결론짓는 경우가 많은 것 같아. 그 아이가 왜 자살에 이르렀는지 심리적 인과관계를 찾으려는 노력이 필요해.

　왜 청소년들이 자살을 많이 할까? 요즘은 결혼한 네 쌍 중에서 한 쌍이 이혼을 한다고 해. 초등학생, 유치원생은 물론이고 뱃속 아기에게도 교육을 시키지. 가정불화는 어른과 아이 모두에게 불행이야. 또한 성적은 중·고등학생뿐만 아니라 어른들에게도 스트레스야. 어른들은 회사에서 성과를 내라고 스트레스를 엄청 주지. 그런데 왜 유독 청소년들이 자살을 많이 할까? 그렇다고 긴장하지는 마. 우리가 하려는 이야기는 사건일지 같은 건 아니니까.

· · ·

한 아이가 자퇴를 한대. 왜 자퇴를 하려는지 물어보니 학교폭력을 당해서래. 깜짝 놀라서 누가 때렸나 봤더니 아무도 때리지도 괴롭히지도 않았어. 그 아이의 심리적 인과관계를 들여다보니 이러했어.

중학교 때 센 척을 좀 하면서 살았어. 센 척이 뭐냐고? 있는 척, 힘이 센 척, 똑똑한 척하는 것이지. 그런데 이게 중학교 때까지는 잘 먹혔어. 멋 부려 옷 입고 어깨에 힘을 빡 주고 '야, 저리 비켜!' 하면 애들이 길을 비켜주었어.

그런데 고등학교에 오니 어깨에 힘을 주어도 애들이 본 척도 안 해. 자기들 공부하느라 그렇기도 하고 이제는 진짜 센지 아니면 센 척하는 건지 다 알아버렸기 때문이야. 그 아이는 몇몇 아이들과 친하게 지내다가 약간의 갈등이 있었고 친구들에게 센 척을 했는데 거들떠도 안 봐.

그 아이는 이렇게 말해.

"니들이 잘못한 거잖아."

"니들 때문이야."

"니들이 학교 폭력이야."

"니들 때문에 나는 자퇴를 할 거야."

어때? 듣는 아이들이 위축되었을까? 그런데 기대와 달리 아이들은 별로 반응을 안 했어. 어떡하지? 뱉은 말이 있는데. 자퇴한다고 말은 뱉었는데 애들이 반응이 없고 혼자 열 내다가 자퇴도 못하는 바보가 되는 것 아닐까? 결국 그 아이는 자퇴를 했어.

그런데 그 아이가 자퇴가 아니라 "나 죽어버릴 거야"라고 했다고 생각해봐. 다른 아이들이 쳐다봐. 어디 한번 죽나보자 하고 말이야. 심리적으로 구석에 몰리는 거야.

중학교 때까지 그 아이는 센 척하는 게 자신의 정체성이었어. 정체성이란 말이 어려우면 그냥 캐릭터라고 할게. 아니면 그냥 센 척하는 아이 정도도 좋아. 어쨌든 그러다가 고등학생이 됐어. 주변 아이들은 모두 성장했어. 센 척이 받아들여질 나이가 아니야. 어쩌면 그 아이가 또

래보다 어려서 그랬을지도 몰라. 덜 성장한 것이지. 중학교 땐 그렇게 해도 괜찮았는데, 아니 아이들의 반응에 우쭐했는데, 하던 대로 했는데, 자기는 그대론데 왜 주변 아이들이 콧방귀도 안 뀌지? 자신만 덜 성장한 거야.

그런데 달리 생각해보면 그럴 수도 있을 것 같아. 어떻게 모두가 다 똑같이 성장해? 조금 덜 성장했다면, 그리고 주변에서 도와주지 않는다면 심리적으로 구석에 몰릴 수 있어.

· · ·

우리 학교 졸업해서 우리 옆 고등학교에 간 선배 중에 이런 여자 선배도 있어.

학교에서는 자고 밤에는 홍대 거리에서 놀았어. 어른 못지않게 화장도 진하게 하고 옷도 화려하게 입어. 거짓말도 잘하고 자기 마음대로였지. 하루는 학교 운동장에서 그 선배가 친구와 말다툼을 하는 걸 보았어. 학교 끝나고 집에 가다가 우연히 보게 되었어. 이런저런 말다툼 끝에 친구가 이렇게 말했지.

"너 참 뻔뻔하구나."

옆에서 보기에는 별 의미 없이 한 말 같았는데 그 선배에게는 충격이었나봐. 흔들리는 눈동자가 아직도 눈에 선해. 그 후 뻔뻔하다는 말에 대해서 생각해봤어. 풀어서 표현하면 '너는 원래 너 자신이 어떤 사람이고, 네가 한 행동이 무엇인지 다 알면서도 모르는 척하고 거짓된 행동을 하는구나. 그런데 난 그런 너의 거짓됨을 알고 있어' 이런 뜻이야. 그 선배의 옷과 화장, 그리고 거짓말은 껍데기일 뿐이야. 자신도 자신의 껍데기와 속마음에 큰 차이가 있음을 알고 있었고 고민했을 거야. 그러니까 뻔뻔하다는 말에 흔들렸겠지.

· · ·

겉으로 드러난 모습, 겉으로 내뱉는 말은 항상 진실이 아닐 수도 있어. 그 아이가 자신에 대해 잘 이해하고 나이에 맞게 친구를 사귀었다면 섣부르게 자퇴를 했을까? 어설픈 가면을 쓰고 날라리 흉내를 내면 모두가 그 가면에 속아줄까? 그래서 10대 때 자신의 정체성에 대해서 깊이 고민을 해봐야 한다는 거야. 이 시기에 자신의 정체성을 깊이 고민해본 사람일수록 가면을 쓰지 않은 진짜 자신의 모습으로 인생의 뿌리를 깊게 내리면서 살아갈 수 있거든. 뿌리가 튼튼해야 비바람에도 흔들리지 않는 나무가 되잖아.

정체성이 굳건하면 살면서 겪는 힘든 일, 스트레스, 유혹 따위에 꺾이지 않을 거야. 그러다보면 '네 꿈은 뭐니?'라고 자꾸 물어보지 않아도 돼. 너희는 거짓된 모습으로 살고 싶어? 아니면 진짜 자신의 모습으로 살고 싶어? 그 첫 선택은 지금 바로 나에게 달려 있다는 것 잊지 마!

# 교실 자리 배치도

지금 교실을 한번 둘러봐. 어떤 친구들이 보이니? 옆 페이지의 그림은 재미로 만든 교실 자리 배치도야. 공부하는 그룹이 있고 일진이라 불리는 노는 그룹이 있지. 그 그룹 안에도 창밖만 보는 아이, 멍 때리는 아이, 생각 없는 아이, 반장, 꼽사리, 몰래 다른 것 하는 아이, 4차원 등등 다양한 아이들이 있어.

그림에서는 공부 그룹과 일진 그룹이 있어. 학급에서 그룹은 여러 갈래로 나뉘어. 학교 분위기나 학급에 따라서도 다르지. 그리고 그룹에 포함된 학생의 수도 다양해. 어떤 그룹이 주도권을 잡느냐에 따라서 학급 분위기가 달라지기도 해.

하나의 그룹 내에서도 각자 역할이 있어. 주도권을 잡은 아이가 있고 보조해주는 아이, 그룹에 끼어 있지만 무시당하는 아이도 있지. 그룹에

음악 듣기　운동부

다르게 하는 애

찐따

일진

노는 애

학원 숙제

키 큰 애

착한 애

반장

빵 셔틀

꼴찌

잠

왕따

1등

꼽사리

웃기는 애

멍때림

생각 없음

4차원

공부 꼽사리

2등

생각 없음　창밖 보기

공부 그룹

서 배제되는 것은 생존권에 위협을 받는 것에 가깝게 느껴져서 내키지 않지만 협조하기도 해.

아이들에게 그룹에서 배제되는 것은 견디기 힘든 일이야. 왕따가 되는 거잖아. 친구관계에 민감한 여학생들은 더 심하지. 왕따가 된다니 생각만 해도 오 마이 갓! 선생님의 말씀보다 그룹의 주도권을 가진 아이의 말이 더 중요할 때가 있어. 아이들이 선생님도 왕따시킨다고 하잖아.

그룹과 그룹 사이에 주도권 다툼이나 갈등이 생기면 전쟁이지. 새로운 학교에 입학하면 많이 다투곤 해. 남학생들은 주먹 다툼도 불사하고 여학생들은 그룹 짓기와 세력 다툼에 바빠. 그래서 친구관계가 무기가 되는 경우도 있어. "너랑 안 놀아. 재랑 놀지 마. 그룹에서 빼버리겠어" 이런 식으로 말이야.

· · ·

아이들 개개인을 보면 캐릭터가 훨씬 다양해. 학교는 아무래도 공부를 중요하게 생각하니 자연스레 성적으로도 캐릭터가 생겨. 전교 1등은 별명도 전교 1등이야. 안 그래? 그렇지만 성적으로 자신의 캐릭터를 만들 수 있는 아이들은 많지 않아.

개그맨 역할을 하는 아이도 있어. 예전 일인데 한 평범한 아이가 있었어. 공부도 그냥 그렇고 운동도 별로고 그렇다고 노는 그룹에 끼지도 못했어. 어느 날 학급 전체가 게임을 했는데 그 아이가 걸려서 벌칙을 받았지. 벌칙은 춤추기였어. 그런데 그 아이가 한 개그맨의 저질댄스를 춘 거야. 왜 있잖아. 두 손을 양쪽으로 벌리고 다리도 어깨 넓이 두 배로 벌린 다음 골반만 앞뒤로 흔드는 것. 웬만하면 쑥스러워서 대충 출 텐데 그 아이는 너무나 열심히 진지하게 춤을 췄어. 그 모습이 웃겨서 아이들이 웃다가 쓰러졌지. 그런데 그 아이는 자신이 모든 아이들을 웃겼던 것이 좋았나봐. 얼마 후 인터넷 동영상 업로드 사이트에 자신의 댄스 동영상을 올리더라고. 그 덕분에 학교에 저질댄스로 유명해졌지.

반항아 캐릭터도 있어. 반항아는 몇 종류로 나눌 수 있는데 흔히 '노는 아이' 유형으로 술, 담배, 짧은 치마, 오토바이 등을 생각할 수 있지. 그리고 '선생님, 그건 아니라고 생각합니다' 유형으로 대한민국을 다 바꿔야 한다는 등의 나름대로 철학과 논리를 갖춘 캐릭터도 있어. '침묵형 반항' 유형은 아무 말도, 아무것도 하지 않아. 그렇게 하면 상대가 힘들다는 걸 아는 모양이야.

자기만의 세계에 사는 것이 캐릭터인 아이도 있어. 4차원, 음악 마니아, 소설 마니아, 오타쿠 등은 자신만의 취미나 가치관을 가진 아이들에게 붙이는 별명이지.

· · · ·

학교에 따라 다르지만 교실에 한두 명쯤 있는 운동부도 특징이라면

특징이야. 아무래도 운동한다고 수업을 빠지는 경우도 있고 수업 시간에 잠을 많이 잔다거나 체육복을 많이 입는다거나 하는 부분이 다른 아이들과 다르니까 운동부가 캐릭터가 되곤 해. 운동부도 자세히 보면 아주 소수의 공부도 잘하는 범생이 운동부가 있는데 대부분은 그냥 운동만 해. 가끔은 날라리 운동부도 있는데 교복 대신에 체육복을 입는다거나 운동하러 가야 한다면서 빠지는 것을 특권으로 여기곤 하지.

다시 교실 배치도를 보면 나름대로 별명을 붙였어. 별명이나 이름이 없는 것보다는 뭐라도 이름이 있는 게 낫지 않아?

이름 없는 아이가 나은지 이상한 이름이라도 있는 아이가 나은지는 교실의 아이들을 유심히 보면 알 수 있어. 가끔 왜 저러나 싶게 이상한 짓을 하는 아이들이 있어. 일부러 그러는 것 같아. 일부러 소동을 피우거나, 허세 가득 세상의 가오는 혼자 다 잡는 아이도 있지. 그런 아이들은 존재감이 없는 것보다는 이상한 존재감이라도 있는 편이 더 나아서 그러는 걸 거야.

# 인간의 욕구

심리학자들의 말을 들어보면 교실 자리 배치도처럼 사람들은 각자 개성도 있지만 공통으로 추구하는 어떤 욕구나 가치도 있다고 해. 먹는 것, 자는 것은 모든 사람들의 기본적인 욕구잖아. 물론 거식증같이 먹는 것을 거부하는 극단적인 경우도 있어. 하지만 먹고 자는 것이 인간의 공통적인 욕구라는 것을 부정할 순 없지. 그리고 조금 더 세밀하게 분류하면 나이에 따라서 욕구가 달라진다고 해. 어린아이는 사탕을 참 좋아하잖아. 그런데 그 어린아이가 커서 아저씨가 되면? 아저씨는 사탕을 좋아하나? 입맛이 변하듯 욕구와 가치도 변해.

심리학자들은 인간의 기본적인 욕구에는 식욕, 성욕, 수면욕뿐만 아니라 소속감, 인정, 자아실현 등이 있다고 해. 이러한 욕구가 현실에서 잘 충족되지 못하면 안 좋은 감정이 생기고 심하면 여러 가지 이상 행동을 하게 되지.

· · ·

현대 심리학의 원조는 프로이트(Sigmund Freud)야. 그는 인간의 욕구를 이야기하며 심리학을 학문의 반열에 올렸어. 해결되지 못한 욕구는 무의식 깊은 곳에 쌓이고 나중에 다른 곳에서 불만을 표출하는 행동을 하게 된다는 것이지. 즉 프로이트는 사람의 행동에는 심리적 원인이 있고 이를 추적해서 그 사람의 행동을 예측하거나 수정할 수 있다고 했어.

그 후 매슬로(Abraham H. Maslow)라는 심리학자는 욕구 자체에 대해서 조금 더 연구를 했어. 그는 욕구를 인간의 가장 기본적인 생리적인 욕구인 의식주에서 안정감, 소속감, 자아존중, 존경, 인정, 자아실현의 욕구를 이야기했어. 생리적, 안전의 욕구는 결핍되어선 안 되는 욕구이고 이것들이 충족되면 더 성장하기 위해 여러 욕구가 생겨나. 당장 먹고살기 어려우면 존경이나 자아실현 따위는 생각하기 어렵겠지.

· · ·

에릭슨(E.H. Erickson)은 나이에 따라 욕구가 달라지고 욕구를 충족하지 못하면 어떤 상황이 발생하는지에 대해서 이야기했어. 아주 어린 아이는 혼자 힘으로 할 수 있는 것들이 많지 않고 누군가 돌보아주어야 해. 그래서 아이는 부모나 양육자가 해주는 대로 세상을 이해해. 부모에 대한 신뢰와 불신이 곧 세상에 대한 신뢰와 불신으로 이어지게 되는 거야.

아이가 조금 더 크면 혼자 할 수 있는 일들이 많아지지. 유치원생쯤 되면 "내가 할 거야~"라며 무엇이든 자기 스스로 해보려고 해. 그리고 위험하거나 다른 상황 때문에 못하게 해도 아이는 자신이 잘못해서 그런 줄 알고 죄책감을 느끼고 움츠러들기 쉽지.

이렇게 사람은 나이에 따라 신뢰 대 불신, 주도성 대 죄책감, 근면성 대 열등감, 정체성 대 혼란, 친밀 대 고립, 생성 대 침체, 자아통합 대 절망의 단계를 거치며 살아간다고 해.

옆 페이지 그림은 어린 시절부터 죽기 전까지 평생을 살아가면서 대답해야 할 질문들을 계단으로 설명한 거야. 우리는 자라면서 하나하나의 인생의 단계를 잘 밟아가야겠지만 살다보면 그게 쉽지가 않아.

만약 어린 시절 부모에 대한 불신이 가득했던 아이는 자라서 어떻게 될까? 사회에 대한 불신을 갖기 쉽겠지. 항상 혼이 나서 잔뜩 죄책감을 키웠을 수도 있고, 늘 비교당해서 온통 열등감 덩어리가 되었을 수도 있어. 그래도 시간은 흐르고 나이를 먹어.

원래 동양에서는 늙으면 지혜가 생겨야 한다고들 하잖아. 그런데 우리 주변의 노인들을 보면 때로는 괴팍한 사람도 있어. 과거에 인생의 숙제를 잘 해결하지 못했다면 그렇게 되기 쉬워. 삶을 받아들이지 못하고 후회하고 절망하게 되는 것이지.

그래도 너무 걱정하지는 마. 인생에는 자신의 과거를 바꿀 기회가 가끔씩 주어지거든. 신분 세탁, 아니 '인생 세탁'이라고 할까? 그중에서도 가장 큰 기회가 사춘기야. 사춘기를 제2의 탄생기라고 하는데, 말 그대로 다시 태어날 기회를 갖는다는 뜻이야. 불신, 수치심, 죄책감, 열등감이 있더라도 다시 자신에 대해 되돌아볼 시간을 갖는다는 것이지. 그만큼 사춘기는 인생에서 중요한 시기야. 이제 사춘기에 대해서 조금 더 살펴볼게.

# 사춘기,
# 너희를 분석해주마!

사춘기에는 많은 것들이 달라져. 먼저 자기결정권, 즉 주체성이 발휘되기 시작한다고 할 수 있어. 지금까지 엄마가 시키는 대로, 선생님이 시키는 대로 하는 말 잘 듣는 아이였다면 이제부터는 달라지지.

문을 쾅 닫으면서 '내 방에 들어오지 마!' 이러잖아. 안 그래? 물론 그러다가 엄마가 '내 집에 들어오지 마라!' 그러면 '앗, 제 사춘기는 그렇게 끝나버렸어요ㅠㅠ'라고 할 수도 있지만 말이야.

사춘기에는 사회적 역할에 민감해. 앞에서 학급 자리 배치에서 이야기했듯이 그룹을 짓지. 그룹이란 것이 이미 사회적 역할이야. 사회적 역할에 민감하니까 자신의 캐릭터가 소중하지. 나는 이런 아이야. 학급에서 그런 역할이 있으면 즐겁잖아. 그게 소중하고 즐겁다는 것 자체가 사회적 역할을 중요하게 생각한다는 뜻이야.

또한 사춘기에는 성 역할에 대해 예민해져. 이것은 설명 안 해도 알 거라고 생각해. 그리고 비판력이 발달하기 시작해. 타자와의 관계에서도 매우 의식적이 되지. 이것은 자아의식이 발달했기 때문이라고 설명할 수 있어.

규칙을 수정하는 것도 이때라고 해. 그동안 규칙은 부모님이나 선생님이 정해주는 것이었는데 이제는 스스로 규칙 자체를 수정한다는 것이지. 규칙과 일탈 사이에서 갈등하게 된다고나 할까. '왜 점심시간에 바깥에 나가면 안 되느냔 말이야. 난 그 규칙 자체를 수정하겠어!' 이러면서 학교 담을 넘는 것이지.

조금 어렵게 이야기하면 공정과 권리를 생각할 수 있는 능력이 생겨. 거짓과 진실 사이에서 갈등하게 되지. 사춘기는 이러한 갈등이 증폭되는 시기야. 그래서 주변의 변화와 함께 매우 의식적으로 행동하게 돼. 전에는 거의 본능적으로 움직였다면 이제부터는 매우 복잡한 인간관계와 사회를 이해하게 돼. 물론 이러한 이해력이나 사회성은 아이들마

다 다르지만, 어린 시절보다 더욱 생각을 많이 하고 의식적으로 행동하게 돼.

한마디로 정리하면 사춘기에는 복잡해진다는 거야. 너무 복잡해져서 스스로도 잘 정리가 안 될 정도이지.

'아악, 머리를 헝클어버리고 싶어!'

. . .

또한 사춘기에는 내가 나를 바라보는 능력이 생겨. 어려운 말로 '조망수용 능력'이라고 해. 다른 사람이 나를 어떻게 바라보는지도 알고, 그러한 나 자신을 또한 3자의 입장에서 바라볼 수도 있어.

지금은 밤 12시야. 배가 고파. 그래서 라면을 먹었어. 예전에는 배부르고 좋았어. 그런데 이제는 라면을 먹고 있는 나를 멀리서 또 다른 내가 바라보는 거야.

'돼지야, 살쪄.'

내가 나를 평가해. 방문 너머에 눈에 보이지도 않는 엄마가 지금 라면을 먹는 나를 한심하게 쳐다보는 것이 느껴져. 초능력인가봐. 라면을 먹는 나를 엄마가 속마음으로 평가하고 있고, 나는 나 자신을 돼지라고 평가하는데, 그 모습이 3차원 입체 시뮬레이션으로 보여. 나는 마치 신이 된 듯이 그 모습을 내려다보고 있어. 가끔은 스트리밍으로 소리까지 나와. 어때, 대단하지? 맛있다. 꿀꿀. 이런 수준을 벗어났으니 좋은 것

인지, 아니면 머리 아파 싫은 것인지 모르겠어.

사춘기에는 '나와의 대화(나-나 대화)'가 발달한다고 해. 방금 조망 수용 능력이 생겼다고 말했잖아. 이제 내가 가상의 나를 만들고 그 가상의 나와 대화를 나눌 수 있어.

'안녕? 난 나야. 넌 누구니? 어, 너도 나라고? 그래? 넌 생일이 언제니? 어, 그래? 나랑 똑같네. 와, 진짜 신기하다!'

뭐 이러고 놀 수 있다는 것이지.

．．．

   그리고 사춘기에는 조금 나쁜 쪽으로 생각하면 자기기만이나 자기합리화가 발달하기 시작해. 어떤 행위를 하기 전에 자기기만이 일어나고 또 그 행위를 한 후에도 합리화하는 거야.

   봐, 라면을 끓였잖아. 이미 끓인 라면을 어쩌라고? 먹지 마? 그냥 버려? 자원 낭비야. 맛있게 냠냠. 그래, 난 자원을 낭비하지 않는 대한민국의 훌륭한 국민이야. 먹지 말았어야 한다고? 이런 매국노 같으니!

타자와 대화했던 것도 반추하게 돼. 낮에 했던 말을 밤에 곰곰이 생각해본다는 것이지. '낮에 내가 그 아이에게 왜 그런 말을 했을까. 에잇, 바보 같아. 내가 한 말 지워줘.(ㅠㅠ)' 이렇게 이불킥을 하게 돼.

그리고 사춘기에는 다른 사람과 가까워지고 싶다는 욕구를 강하게 느껴. 그런데 또한 신기한 것은 아무에게도 속박되지 않고 싶다는 욕구도 강하게 느끼지.

뭐 이런 말도 안 되는 욕구가 다 있지? 다른 사람과 가까이 있고 싶으면서 동시에 혼자 있고 싶은 거야. 이런 이중적인 욕구가 마음속에서 올라와. 당연히 옆에 있는 사람도 사춘기 애들을 대하는 데 어려움을 겪게 돼. 가까이 다가가면 혼자 있고 싶다고 하고 혼자 내버려두면 따돌리느냐고 해. 어쩌라고? 옆에 있는 사람도 환장하는 거야.

사춘기에는 나와 남을 본격적으로 비교하기 시작해. 내가 나를 아는 것은 어렵잖아. 내가 노래를 잘하는지 아닌지, 다리가 긴지 아닌지 나 혼자는 알기 어려워. 그런데 나와 다른 사람을 비교하는 것은 쉬워. 옆 친구와 비교하면서 나 자신을 알아가. 주변 사람들과 비교하는 것은 나를 아는 쉬운 방법이야. 물론 그 정도가 심해지면 괴로워지지만 말이야.

그리고 이 책의 주제이기도 한데 사춘기에는 어떻게 살아야 할지 고민하기 시작해. 어려운 말로 정체성에 대해 본격적으로 고민한다는 것이지.

• • •

　사춘기에는 몸과 마음의 급격한 변화 속에서 인생이라는 어려운 주제를 선택해야 해. 그러다보니 쉽게 실수를 하기도 하지.

　그것은 자신을 너무 쉽게 규정하는 거야. 나는 부유한 사람이다, 나는 가난한 사람이다, 나는 오타쿠다, 나는 노래를 좋아하니까 반드시 가수가 되어야 한다…… 이런 식으로 일부를 가지고 자신의 인생 전체를 결정하려고 하는 것이지.

　그리고 나와 어울리는 또래나 무리에 따라 나를 규정하는 경우가 많아. 나는 모범생이다, 나는 날라리다 하고 스스로를 규정하지. 그런데 이게 무서운 것이 정말 그것에 맞추어 살게 된다는 거야. 옆에서 아무리 말해줘도 안 통해. 왜 안 통하는지 알아? 자기 삶의 결정자는 결국 자신이기 때문이야. 자신이 그렇게 살겠다면 어쩔 수가 없거든.

　아, 물론 주위에 영향력을 미치는 사람이 있기는 해. 우선 부모님이야. 뭐? 사춘기에는 부모님 말을 안 듣고 또래 말을 더 잘 듣는다고? 그런데 어떻게 살아야지 하는 문제를 보면 꼭 그렇지도 않아. 부모님이 뭐라고 하면 무시하고 핸드폰만 하는 것 같은데, 이상하게 부모님의 삶의 모습을 따라가는 경우가 많아.

　국가도 우리의 삶에 영향을 미쳐. 국가의 이데올로기라고도 하지. 어렵다고? 네가 북한에서 태어났다고 생각해봐. 김정일이 죽었을 때 수많은 북한 주민들이 눈물을 흘렸어. 너라면 안 흘렸을 자신 있어? 네가 전쟁을 겪는 국가의 어린이라고 생각해봐. 여성의 인권이 없는 국가에서 여성으로 태어났다고 생각해봐. 끔찍하지. 그렇지만 그곳에서 평생을 살아온 사람들은 그러한 삶에 익숙하기 마련이지. 우리나라만 해도 150년 전에는 왕이 다스리는 것이 당연했고, 50년 전에는 남녀평등이 없었으며, 30년 전만 해도 나라 전체에 군사 문화가 팽배했어.

나는 어떻게 살아야 하지? 이런 질문을 미처 생각하기도 전에 이미 국가, 부모, 친구의 영향을 받는 거야. 그래서 스스로 깊이 생각해보지 않으면 그들이 원하는 대로 살게 돼.

# 중2, 세상아!
# 내가 만만하냐?

극강의 질병이라는 중2병, 대체 그 정체가 뭘까?

저 멀리 어떤 남학생이 걸어오고 있어. 패딩을 입었는데 지퍼는 잠그지 않았어. 양손은 패딩을 한껏 젖힌 후 바지춤에 살짝 걸쳐두었어. 그러고는 약간 몸을 뒤로 기울인 채 팔자걸음을 걸어. 꼭 똥 싼 걸음 같아. 헤어스타일은 투블록이야. 고개는 살짝 들어 하늘을 보고 있어. 뭔가 불만이 있는 듯 입술을 내밀고 세상 다 산 듯한 표정을 지으며 한마디 하지.

"하…… 세상아, 내가 만만하냐?"

그래, 우린 이런 아이들의 상태를 중2병이라고 불러.

중2병에는 여러 가지 증상이 있는데 우선 허세를 들 수 있어. 그런데 이 허세가 단순히 비싼 물건을 자랑하는 것만은 아니야. 존재의 허세라고나 할까. 무슨 말인가 하면, 자신은 다른 사람과 다른 특별한 존재라고 생각한다는 것이지. 그래서 의미 있는 척, 가치 있는 척, 아는 척을 해. 뜻도 모르는 단어를 섞어 쓴다거나 이상한 논리를 펼치며 자신의 우월성을 즐기지. 더욱이 이성과 함께 있거나 이성이 볼 수 있는 공간에서는 그 정도가 심해져.

· · ·

'관종'이라고 들어봤어? 관종이란 관심종자의 줄임말인데 보통 관종이라고 부르지. 눈에 띄기 위해서라면 무슨 짓이든 하는 애들 있잖아. 인터넷에 글을 쓸 때도 튀어 보려고 이상한 짓을 하지. 한번은 우리 반 남학생이 SNS 단체 대화방에 사진을 올렸어. 속옷 차림에 두루마리 휴지로 듬성듬성 몸을 휘감고 학처럼 한쪽 다리를 들고 두 손은 스님처럼 합장을 했어. 게임 캐릭터를 따라 한 건데 '헐…… 앤 뭐지? 중증이군' 이런 생각이 절로 들었어. SNS 프로필 문구로 '음 우울해' 뭐 이 정도는 초기, '내가 만만하냐?' 정도면 중기, '나는 가끔 눈물을 흘린다' 이러면 후기로 볼 수 있지. '내 심장에서 흑염룡이 자란다ㅋㅋㅋ' 이건 말기.

망상도 중2병의 증상 중 하나지. 현실과 동떨어져 혼자만의 상상 속에 빠져 초능력, 외계인 등에 매료돼. 그래서 자신이 죽지 않는다거나 마음만 먹으면 무엇이든 할 수 있다고 생각하지. 마치 자신은 인간이 아닌 듯이 "오버워치 그랜드 마스터의 힘ㅋㅋㅋㅋ 미개한 인간 같으니" 따위의 말을 해.

그 외에도 일반적이지 않은 자기만의 말투나 단어를 사용하고, 칼이나 흉기를 갖고 있는 것을 자랑하기도 해. 부정적인 표정이나 말투, 우울해하거나 죽음을 언급, 혼자 중얼거림, 뭔가 억울한 표정, 세상에 대한 비난, 자신이 큰 불행을 가진 사람이라고 생각하는 것 등이 중2병의 증상이라고 할 수 있지.

· · ·

이런 '닝겐' 같으니

'중2병'이라는 단어는 일본에서 넘어왔어. 그래서 중2병스러운 말투를 살펴보면 군데군데 일본말을 볼 수 있어. '이런 닝겐(인간) 같으니' 이런 것 말이야.

그리고 중2병스러운 모습을 잘 볼 수 있는 것도 일본 애니메이션이야. 최근에는 중2병을 소재로 한 드라마나 애니메이션이 나오기도 해.

중2병스러운 소재를 사용한 작품의 원조로는 일본 애니메이션인 〈신세기 에반게리온〉을 들 수 있어. 에반게리온 속 세상은 흔히 보는 영화 속 세상과는 조금 달라. 보통 영화에서는 사람들이 평화롭게 살아가지. 그러다 악당이 나타나 평화를 해치면 주인공이 짠 하고 등장해서 해결해. 다시 아름다운 세상이야. 물론 영화가 다 해피엔딩은 아니야. 어찌어찌 살다가 문제가 일어나서 세상이 망해버렸다, 뭐 이렇게 끝날 수도 있어. 미국 영화에도 이런 방식이 많아. 평화로운 세상에 악당이 나타났다. 슈퍼맨이나 배트맨 같은 ○○맨들이 등장해 세상을 구했다. 아니면 터미네이터가 나타나서 세상이 망했다…….

하지만 에반게리온을 원조로 하는 애니메이션에서는 일단 세상이 망한 상태에서 시작해. 살면서 문제가 일어나는 것이 아니라 뭔지 모를 문제가 있었고 어쨌든 태어나보니 세상이 망해 있었다는 것이지. 왜 망

했는지도 몰라. 그냥 망해 있어. 왜 망했는지 알려고 하면 다쳐. 최근 인기 애니메이션인 〈진격의 거인〉도 비슷해. 주인공이 태어나보니 세상은 망해 있고 아주 작은 영역에서만 사람이 살고 있어.

그리고 일본 애니메이션의 주인공은 10대야. 그 주인공이 어떤 능력을 갖고 있어서 주변 사람들은 그가 능력을 이용해 세상을 구원해주길 바라지. 그런데 전개가 조금 이상해. 암울한 세상에서 주인공이 능력이 있다면 세상을 구해야 하잖아? 하지만 그렇지가 않아. 주인공이 자신의 능력을 이용해서 세상을 바꿔보려고 하지만 되레 자신만 지치고 상처를 입게 되지.

요약하자면 망한 세상, 발버둥 쳐봤자, 나만 다침. 이런 식이지.

'하…… 세상아, 내가 만만하냐?'

'그냥 우울하다.'

'오늘은 왠지 눈물이 흐른다.'

이게 바로 중2병의 세계관이란 거야.

· · ·

그런데 중2병은 사춘기와는 조금 달라. 사춘기는 사람들 대부분이 겪는 어떤 시기를 뜻한다면 중2병은 또래 집단 내에서도 이상하게 바라보곤 해. '사춘기'라는 표현에는 어디로 튈지 모르는, 감수성이 예민한, 거칠고 열정적이며 감정 기복이 심한 등의 느낌이 있다면 '중2병'은 허세,

관종, 우울, 비관, 초능력과 같은 단어를 연관 지을 수 있지. 사춘기보다는 조금 우울하고 비관적인 느낌을 줘.

'중2병'이란 말이 우리나라에서 쓰인 지는 10년이 조금 넘었어. 그 전에는 이런 말 자체가 없었지. 그렇다면 이런 표현은 왜 나오게 되었을까? 중2병의 원조인 일본부터 볼게. 20여 년 전 일본에서는 무슨 일이 있었을까? 그즈음 일본에는 경제 버블 붕괴가 있었어. 그게 뭐냐면 1980년대 일본 경제는 아주 세계적인 수준이었어. 일본 전자제품들이 세계적으로 잘 팔렸지. 그래서 사람들은 돈이 많았고 모두가 즐거웠어. 그런데 어느 순간 그 좋던 경제가 버블, 마치 거품처럼 터지고 말았어. 불경기가 되어버린 거야. 회사가 망하고 실업자들이 거리로 쏟아졌어. 그 후 일본에서는 10년 정도 경제 불황이 지속되어서 이를 '잃어버린 10년'이라고도 해.

나이가 많은 어른들은 경제가 좋았던 시절, 어려웠던 시절, 지금의 시절을 모두 보았어. 왜 경제가 무너졌는지도 대충은 알지. 그래서 지금 힘들어도 과거를 추억하며 살 수 있어. 그런데 경제 붕괴 이후에 태어난 아이들은 어떨까? 그 아이들이 본 세상은 망해버린 세상이야. 부모는 실업자고 집에 돈이 없어. 그러다보면 서로 상처 주는 말을 하기 쉽지. 나름대로 뭔가 해보려 하지만 상처뿐이야. 망해버린 세상, 발버둥쳐보지만 나만 다치는 것이지. 그래서 집구석에 처박혀 게임을 하거나 불만 가득한 얼굴로 세상을 한탄할 뿐이야. 아니면 마음속으로 초능력이나 외계인을 믿을지도 몰라.

우리나라는 1997년에 IMF 외환위기라는 것이 터졌어. 이게 뭐냐면 대한민국이라는 나라 자체가 부도 위기에 처했다는 뜻이야. 부도가 뭐냐고? 회사가 돈을 빌렸는데 갚지 못하는 거야. 못 갚으면? 빚쟁이들이 몰려와서 물건이라도 가져가잖아. 대한민국이 그런 상황이었다는 것이지. 나라가 그런 상황인데 작은 회사들이 힘이 있었겠어? 줄줄이 망하고 실업자 천국이 되었지. 그 이후에 태어난 아이들은? 어떤 생각을 할까? 중2병이 수입된 것도 그 아이들이 사춘기가 될 무렵이야.

# 새는 알에서 나오려고 싸운다

　최근에는 '대2병'이란 말도 생겼어. 들어봤어? 말 그대로 대학교 2학년 학생들이 걸린다는 병이야. 중·고등학교 때는 공부만 했어. 부모님, 선생님이 그렇게 하라고 했고 자신도 그것이 최선의 길이라 믿었어. 그런데 대학생이 되고 선배들을 보니 취업이 안 돼. 최근의 청년 취업 문제는 아주 심각해. 실업자의 비율이 IMF 외환위기 때와 거의 비슷하대.

　중·고등학교 때 죽어라 공부만 했는데 대학생이 되어서도 취업을 위해 공부에 매달려야 해. 모든 것을 포기하고 취업 준비만 해야 해. 3포족, 5포족 뭐 그런 말이 있잖아. 연애, 결혼, 출산을 포기하면 3포, 여기에 내 집 마련과 인간관계를 포기하면 5포, 연애, 결혼, 출산, 인간관계, 집, 꿈, 희망을 다 포기하면 7포라는 것이지. 다 포기하고 취업 준비만 하는 거야.

지금 부모님들이나 선생님들은 아마도 중·고등학교 때 열심히 공부하고 대학 가서는 좀 적당히 놀고 어렵지 않게 취업을 했을 거야. 그래서 지금의 중·고등학생들에게 열심히 공부하고 대학 가서 놀라고 말할지도 몰라. 그런데 이제 상황이 바뀌었어. 대학에 가서도 공부해야 해. 그리고 대학생들도 병에 걸리지. 대2병 말이야.

・ ・ ・

대2병은 중2병보다 더 안타까워. 중2병에 걸리면 막상 본인은 그렇게 힘들어하지 않거든. 가끔은 재미있어 하기도 하고 일부러 중2병에 걸린 듯이 흉내를 내기도 해. 중2중2한 표현은 뭐 없나요? 이런 식으로 물어보기도 하고, 찾아서 써먹고 낄낄대기도 해. 그런데 대2병은 안 그래. 대학교 2학년이나 되어서, 성인인데 이제 와서 나는 뭘 하지 이런 생각을 한다는 것 자체가 우울해지는 거야.

대2병은 취업난, 자신의 삶을 진지하게 고민할 시간을 주지 않는 교육제도의 영향이기도 해. 이렇게 말하면 대한민국을 다 뜯어고쳐야 할 것만 같

대2병, 나는 뭘 하지?
아, 우울하다

아. 그런데 외부만 탓하면 뭐 하겠어. 결국 대2병은 정체성의 혼란이거든.

어른들 말에 '놀고먹고 대학생'이란 표현이 있는데 이게 꼭 나쁜 것만은 아니야. 대학 가서 놀라는 말은 달리 말하면 대학 가서 밤새 술 먹으며 이 사람 저 사람과 이야기하라는 말이고, 그러다보면 자연스레 자신이 어떻게 살아가야 할지 생각할 시간이 주어지겠지. 어떻게 살지 진지하게 고민 안 해도 먹고살 수 있으면 더 편하겠지만 말이야.

한참 전부터 중2병이 등장했고, 이제는 대2병이란 말까지 나왔어. 그래서 정체성은 지금 시기에 더욱 중요한 문제가 되었어.

'나는 누구인가?'

'나는 왜 여기에 있고, 어떻게 살아야 하는가?'

이 질문에 제대로 답하지 않으면 마음은 길을 잃고 방황하게 돼. 그리고 자신의 역할조차 헷갈려서 왔다 갔다 하지. 사춘기를 기점으로 우리의 마음과 몸은 정체성을 세울 준비를 해. 또 다른 나와의 대화가 가능해지고 내가 뭘 하는지 멀리서 또 다른 내가 바라볼 수 있어. 뇌는 그동안 살아오면서 많이 했던 것 위주로 뇌세포를 재편성해. 남성의 몸, 여성의 몸으로 변하는 2차 성징은 물론이지.

신체가 어른스럽게 변하고, 사회성과 같은 욕구가 생기고, 자신을 돌아볼 수 있는 능력이 주어져. 이건 무슨 뜻일까? 네가 어떤 사람인지 자기 눈으로 직접 바라보고 이제 앞으로의 인생을 정하라는 뜻 아닐까?

중·고등학교 때 공부만 하다가 대학생이 되었고, 다 포기하고 취업 준비만 하면 나는 어떻게 살아갈지에 대해 고민할 시간이 없어. 이러한 삶의 질문을 미루다보면 결국 나중에 가서 '정체성 병'에 걸리게 되지.

• • •

헤르만 헤세의 《데미안》이라는 책 읽어봤어? 헤세는 10대의 이야기를 많이 썼는데, 사춘기의 정체성에 대해서도 관심이 많았어. 이 소설에서 그는 사춘기의 정신적인 성숙을 알에서 깨어난다고 표현했어. 알에서 깨어나는 생물들이나 애벌레가 번데기를 거쳐 성충이 되는 곤충들에서는 이러한 변화가 극적으로 나타나지. 신기하지 않니? 알에서 생명이 태어나고 꿈틀이 애벌레가 나비가 돼. 인간은 겉으로는 그렇게 극적인 변화를 보이지 않잖아. 그러나 눈에 보이지 않는 현상, 정신적인 성숙을 알에서 깨어나는 것이고 일종의 변태라고 표현한 거야.

알에서 깨어난다는 것은 어떤 새로운 존재가 된다는 의미지. 땅을 기어다니는 애벌레와 하늘을 날아다니는 나비의 차이야. 깨어나는 과정은 힘들고 어려울 거야. 정체성을 깨닫는 것은 어려운 일이야. 애벌레는 자신이 번데기를 거쳐 나비가 되는 것을 알고 있을까? 우리는 훗날 우리가 어떤 사람이 될지 알 수 있을까? 정체성을 깨닫고 나면 우리는 전혀 다른 사람이 될지도 몰라. 지금까지 내가 추구했던 가치와 전혀 다른 또 다른 무엇인가를 추구하면서 살 수도 있어. 우리는 어떤 가치를 추구하는 사람이 될까?

Der Vogel kämpft sich aus dem Ei. Das Ei ist die Welt. Wer geboren werden will, muss eine Welt zerstören. Der Vogel fliegt zu Gott. Der Gott heißt Abraxas.

새는 알에서 빠져나오려고 몸부림친다. 알은 세계다. 태어나려는 자는 누구든 세계를 부숴야 한다. 새는 신을 향해 날아간다. 그 신의 이름은 아프락사스다.

# 혼란을 차단당하는
# 바쁜 우리

매일 아침 일곱 시 삼십 분까지 우릴 조그만 교실로 몰아넣고

전국 구백만 아이들의 머릿속에 모두 똑같은 것만 집어넣고 있어

막힌 꽉 막힌 사방이 막힌 널 그리곤 덥석 그 모두를 먹어 삼킨

이 시꺼먼 교실에서만 내 젊음을 보내기는 너무 아까워~

이히힝~~ 띠리리리

우리 엄마, 아빠 학교 다닐 때 유행했던 노래래. 혹시 서태지라고 알아? 위 글은 서태지와 아이들이 1994년에 발표한 〈교실 이데아〉라는 노래 가사의 일부야. 20년이 지난 지금과 뭐가 달라졌는지 볼까? 와, 등교 시간은 조금 달라졌어. 일부 학교에서는 9시에 등교를 해. 뭐 그래도 많은 고등학교 아이들은 7시 30분까지 학교에 가. 20년 전보다 학생 수가

줄었어. 그래서 교실 크기는 똑같은데 학급당 학생 수가 적어서 교실을 그때보다는 넓게 쓰지.

그리고 아이들의 머릿속에 모두 똑같은 것만 집어넣는 것도 조금은 나아진 것 같기도 해. 20년 전에는 대학 본고사 준비였겠지. 그다음은 수능 준비 세대일 것이고, 지금은 입시 제도가 다양해졌어. 아이들에게 다양한 진로 체험의 기회를 주자는 주장도 있어. 뭐 그래도 교실에서만 젊음을 보내기에는 너무 아깝다고 생각하는 학생들이 많을 거야. 엄청.

디테일한 부분은 조금씩 달라졌어도 대한민국은 큰 틀에서 학력 중심

사회임은 변하지 않았어. 좋은 직장에 가고 싶어. 그러려면 좋은 대학에 가야 해. 좋은 대학에 가고 싶어. 어디 대학교? 아, 거기? 내신 몇 등급은 돼야 해. 그리고 스펙은 이거저거요거는 해야지. 몇 등급? 내가 소냐, 등급을 찍게? 아직 학생인 우리한테 스펙은 또 뭘 그렇게 따져? 그래서 부모님과 선생님이 항상 하는 말씀이 있지!

"딴생각 말고 공부나 해!"

"모르면 무조건 외워!"

아니, 닥치고 공부에 무조건 외우라니? 우리도 감정이 있다고요! 그래도 어떡해. 하라면 해야지 별수 있나.

. . .

오늘도 대한민국의 수많은 청소년들은 학교에서, 도서관에서, 학원에서 공부를 해. 학생이라고 스케줄이 단순할 거라고 생각하면 오산이야. 요즘 학생들은 웬만한 어른보다 더 바빠. 그래, 학생들은 공부하랴 스펙 쌓으랴 바빠.

그렇게 바쁘게 살다가 문득 지칠 때가 있지. 그럴 때 잠시 TV를 켜. 너~무 재미있는 것들이 많아. 프로그램은 물론 중간중간 광고도 재미있어. 아니, 광고가 더 재미있는 것 같아. 요즘은 TV 채널이 많아서 원하는 것을 골라 볼 수도 있어. TV만 켜도 다른 세상이 펼쳐지지.

또 TV를 보면서 다른 것을 할 수도 있어. 보통 여학생들에게 못생겼다고 하면 엄청 싫어해. 그러나 남학생들은 '야, 너 못생겼어'라고 하면 멀뚱멀뚱 쳐다보는 경우가 많아. 못생겼다고? 그래서 어쩌라고?

그런데 그렇게 멀뚱대는 아이에게 '게임도 못하는 게~'라고 하면 몹시 화를 내지. 게임. 그래, 게임. 생각만 해도 많은 남학생의 가슴이 떨리는 단어. PC방, 그리고 게임. 윤아느님 얼굴에 설현느님의 뒷모습을 지닌 미녀 연예인이냐, 게임이냐를 선택하라고 하면 입술을 바르르 떨며 고민하다가 결국 게임을 선택하지. 꿈같은 초절정 미녀는 아스라이 멀리 있지만 게임은 내 손에 잡히거든.

지금 우리는 공부하랴 TV 보랴 게임하랴 무지 바빠. TV 프로그램은 시청률에 민감하다는 것쯤은 알지? 다른 말로 하면 어떻게든 우리가 그 프로그램을 보게 만들어야 한다는 뜻이야. 게임도 마찬가지고. 어떻게든 우리가 그것들을 보거나 하게 만들어야 한다면 얼마나 재미있게 만들어서 우리를 유혹할까? 그래서 우리의 하루 일과를 돌아보면 이상하게 너무 바쁘고 여유가 없어. 공부를 하면 하는 대로, 안 하면 안 하는 대로 우리는 뭔가를 열심히 하고 있어.

요즘은 '멍 때리기 대회'라는 것을 한대. 다들 얼마나 바쁘게 살아가는지 가끔은 아무것도 하지 않고 멍하게 있자며 그런 대회를 연다는 거야. 가만히 앉아서 멍 때리기. 쉬울 것 같지? 아프리카에 놀러갔던 사람이 들은 말이래. 아프리카는 멀리 초원이 펼쳐져 있고 야생동물들이 많아. 사람들은 이런 초원에서 야생동물들과 함께 유유자적하며 느린 삶을 살지. 그런데 우리나라 사람들은 아프리카에 와서도 바쁘대. 그 모습을 본 아프리카 사람들이 여긴 초원과 동물뿐인데 뭐가 그렇게 바쁘냐고 물었다고 해.

'오늘은 이것과 저것을 봐야 하고 여기서 여기까지 어떻게 가고 점심은 뭘 먹어야 하고…….'

이런 소리가 들리는 것 같지 않아?

· · ·

그렇게 바쁘다보면 우리는 지름길로 가기 쉽지. 정답대로 사는 거야. 관광 코스는 정해져 있잖아. 그래서 가만있어도 할 일이 많고 재미있는 것이 넘쳐. 우리는 정체성을 찾기 위해서는 자기 스스로 고민도 선택도 하고 후회도 해야 해. 그런데 우리의 삶에는 남들이 말하는 정해진 모범 답안이 있어. 어느 대학 어느 학과를 가기 위한 스펙 선물 세트. 그리고 잠시 가만있고 싶은 나를 유혹하는 세상의 여러 가지 것들.

그러다보면 '나는 누구일까?' '나는 뭘 잘하지?' 하고 나에 대해 고민할 시간이 없어. 꼭 해야 할 소중한 고민이라는 생각은 들지만, 아무도 우리한테 그것이 '중요한 고민'이라고, 꼭 해야 한다고 말해주지 않는걸. '철벽 입시'와 '도피의 유혹' 사이를 오락가락하느라 바쁜 우리는 가장 소중한 걸 놓치고 있는 것 같아.

그래서 나 마리아이가 너희에게 말해주려고 해.

"많이 많이 혼란스러워해라!"

너무 바빠서 나 자신을 생각할 시간도 없고, 무엇을 해야 할지 혼란스러울 시간도 없는 삶. 그러다 우리는 병들지. 정체성을 찾지 못해 생기는 병이야. 혼란스럽다는 것은 나 자신에 대해서 생각한다는 뜻이지. 스스로 결정해야 하는데 무엇을 어떻게 결정해야 할지 모른다는 뜻 말이야. 스스로 결정한다고? 그래, 그게 요즘 하는 말로 진짜 자기주도적인 거야. 만들어진 포장지 같은 자기소개서가 아닌 진짜 자신을 위한 것이지. 무엇을, 어떻게, 왜 해야 하는지 스스로 결정하라면 당연히 혼란스럽지. 그러니까 시간도 오래 걸려. 남에게 뒤처지는 것 같아.

하지만 그게 인생이라는 게임에서 꼭 치러야 하는 미션이거든. 게임 좋아해? 그럼 미션을 클리어해야 하지 않겠어?

# 마샤의
# 인생 미션

너희 게임 많이 하지? 게임에서는 한 스테이지를 클리어해야 다음 스테이지로 넘어갈 수 있잖아. 우리 인생도 마찬가지라고 할 수 있어. 그 나이에 맞는 고민, 즉 인생 미션이 있기 마련이야. 세 살 때는 세 살에 맞는 고민을 하지.

'아이스크림을 먹고 싶은데 왜 먹지 말라고 하지?'

'얄미운 동생! 엄마는 왜 동생만 안아주지? 내가 울면 엄마가 나를 안아줄까?'

10대에는 10대에 맞는 고민이, 20대에는 20대에 맞는 고민이, 부모가 되면 부모로서 해야 하는 고민이 있어. 일곱 살짜리 아이가 "엄마 아빠, 저 키우고 돈 버느라고 힘드시죠? 저는 혼자서도 잘 크고, 저한테 필요한 돈은 제가 나가서 벌어올 테니 걱정 마세요!"라고 할 수는 없잖아.

물론 아역 연예인은 엄마, 아빠보다 더 많은 돈을 버는 것 같지만, 이건 특수한 경우지.

10대 때 가장 많이 해야 하는 고민은 '나'에 대한 거야. '나를 찾는 것'이 우리의 인생 미션이지. 그 미션은 나에 대해서 충분히 고민하고 혼란을 겪어야 비로소 구할 수 있는 것이기도 해. 10대 때 주어진 이 인생 미션을 풀지 못하면 20대, 30대, 40대에도 이 인생 미션에 대한 답을 계속 찾게 될 거야.

· · ·

'나는 충분히 고민하고 혼란스러워하고 있을까?'

그렇다면 가장 먼저 내가 충분히 고민하며 살고 있는지 궁금하겠지? 지금부터 그 궁금증을 풀 수 있는 이야기를 들려줄게.

제임스 마샤(James Marcia)라는 심리학자가 있어. 그는 청소년들이 '정체성'이라는 인생 미션을 얼마나 잘 풀어나가는지 알아보려고 두 가지 질문을 던졌어.

'어떻게 살지 고민해봤니?'

'그래서 지금 열심히 살고 있니?'

그리고 이 두 가지 질문을 던져서 어떤 답을 하느냐에 따라 네 가지 유형으로 나누었어.

짜잔~ 표가 등장했어. 마리아이는 어떤 유형일까? 일단 나는 첫 번째 질문 '어떻게 살지 고민해봤니?'에는 큰 소리로 'OK'를 외칠 수 있어. 나는 고민이 많고 이런저런 책들도 많이 찾아봤다고 말했지? 물론 명쾌한 답을 아직 얻지는 못했지만, 내가 하는 고민들이 모두 정체성 고민이란 걸 알게 되었어.

하지만 두 번째 질문에는 조금 자신이 없어. 열심히 몰두하고 집중할 수 있는 일을 아직 찾지 못했거든. 이것저것 해보기는 하지만 만족스럽지는 않아. 나름 열심히 살고 있다고 할 수는 있겠지만, 마샤의 질문은 그런 게 아닌 것 같아. 그래서 마리아이의 유형은 '유형 3 멈춰 선 나'에 가까운 것 같아.

· · ·

너희는 어떤 유형일지 궁금하지? 알았어, 알았어, 먼저 네 가지 유형을 쭉 살펴보자고. 그런 다음 유형별로 좀더 자세히 보면 내가 어떤 유형인지 알 수 있을 거야.

첫 번째 유형은 '희미한 나'라는 이름을 붙였어. 어떻게 살지 고민도 없고 열심히 살고 있지도 않은 유형이지. 학교에서 잠만 잔다? 아니면 게임 중독? 날라리? 아무것도 하기 싫고 무기력하다? 이런 친구들인데, 너희가 봐도 '어휴~ 쟤는 어쩌려고 저러냐' 하는 생각이 들지? 너희가 봐도 그런데 어른들이 보기에는 어떻겠니? 혹시 너희는 이런 사람은 아니지?

그런데 중학생이라면 이런 유형이 가장 많을지도 몰라. 중학생 중에서 어떻게 살아갈지 진지하게 고민하고 자신이 세운 목표를 향해 열심히 나아가는 아이들이 얼마나 될까? 10대 초기에는 이런 모습이 많이 나타날 거야.

자신과 세상에 대해 어떠한 의문을 가져본 적도 없고, 다른 사람이 어떤 일을 하는지 내가 왜 이 일을 하는지도 관심이 없어. 이 상태가 지속되면 어떻게 될까? 그저 순간의 즐거움만 좇으며 살 거야. '나'라는 존재는 점점 미약해져서 사라지고 이러저리 휩쓸리면서. 그러다보면 자신을 존중하는 법을 배우지 못하고 부정적인 정체성을 형성하게 될지도 몰라.

• • •

두 번째 유형은 '빼앗긴 나'야. 어떻게 살지 스스로 고민하거나 혼란을 겪어본 적은 없지만 열심히 살고는 있어. 고민 없이 열심히 산다는 것은 남이 시키는 대로 살고 있다는 이야기야. 이런 유형은 주로 학교에서 모범생으로 불리는 아이들이 많아. 엄마가 학교에 자주 찾아오곤해. 성적이 우수해서 좋은 고등학교, 좋은 대학교에 가는 경우가 많아. 엄친아로 불리기도 하고 부모님이 아주 만족해하는 아이지.

그런데 엄마는 잘 모르지만 선생님들은 이 아이의 본질을 파악할 때

가 있대. 아이가 고민 없이 엄마가 시키는 대로 공부한다는 걸 아는 것이지. 그렇지만 이런 유형이 입시에는 적합하니까 또 뭐라고 하기도 그렇대. 또한 이 유형은 언젠가 한번은 제대로 부모님의 뒤통수를 친다는 거야.

"그동안 엄마가 시키는 대로 공부해서 외고, 서울대, 미국 명문대 대학원에 갔어요. 이제 저는 제 삶을 찾아야겠어요."

이러면서 엄마의 기대와 다른 직장을 구하거나 심지어 편지 한 장 남기고 떠나버리는 친구들의 유형이기도 하지. 그때 부모님의 충격과 배신감은 엄청나겠지. '빼앗긴 나' 유형은 왜 그런 선택을 할까? '정체성'이라는 미뤄둔 숙제를 하기 위해서야. 이제라도 나 자신을 찾고 싶어서, 이렇게 살 수는 없어서 뒤늦게라도 떠나는 거야. 물론 소중한 가족이나 시간을 들여 노력해왔던 많은 걸 잃게 되겠지. 그래도 그렇게 해서라도 자신을 찾으러 떠날 수밖에 없는 거야.

•  •  •

세 번째 유형은 '멈춰 선 나'야. 어떻게 살아야 할지 고민은 하지만 열심히 무엇인가 하고 있지는 못해. 이런 유형은 엄청 심각한 얼굴로 세상 고민 혼자 다 하는 듯하지. 나 마리아이가 이 유형이잖아. 나는 고민거리가 생기면 그것만 생각하게 되는데, 했던 이야기를 또 하고 또 하니까 친구들이 짜증을 내더라고.

이 유형은 지금 정체성의 위기나 변화를 겪고 있어. 노력은 하지만 불확실하기 때문에 무언가에 제대로 몰두하지 못하는 거야. 마샤는 이 유형이 겪는 혼란은 '건강한 상태'라고 했어. 앞에서 말했듯이 자신과 세상에 대해 끊임없이 생각하고 의문을 던지는 과정에서 겪는 혼란이니까, 자신을 찾아나가기 위한 혼란이니까.

혼란이란 불안, 두려움, 열등감, 수치심과 같은 복잡한 감정 사이를 왔다 갔다 하는 거야. 특히 청소년기

에는 자아에 대한 인식만큼 다른 사람들에 대한 인식도 강해지는데, 이게 괴로운 거야. 다른 사람과 모든 것을 비교하려고 하고 예민하게 반응하지. 성적, 외모, 인간관계, 성격, 가정환경 등 모든 게 비교 대상이야. 어린 시절에는 막연하게 생각했던 것들을 본격적으로 고민해. 거기에서 오는 수치심이나 열등감은 말도 못할 정도겠지. 하지만 그만큼 그에 대해 저항하고 나 자신만의 개성을 찾으려는 감정도 생겨날 거야.

· · ·

마지막 유형은 '정체성 찾기'라는 10대의 인생 미션을 이뤄낸 '바로 선 나'야. 이 유형은 어떻게 살지 고민과 혼란을 겪었고, 지금은 삶의 목표를 향해 열심히 살아가고 있어. 이런 유형은 일단 주변에는 별로 없을 거야. 인생 목표를 10대에 뚜렷이 세운다는 게 솔직히 어렵잖아.

이 유형의 특징은 눈이 빛나고 목소리에 힘이 있어. 사명감을 갖고 일하니까 아무리 힘들어도 얼마든지 버텨내지. 그러다보면 큰 성취를 이루기도 해. TV 프로그램 〈생활의 달인〉에 나오는 인물들이 주로 이 유형에 속하지. 지켜보는 사람들이 '저 사람은 어떻게 저럴 수 있지? 나는 여태 뭐 하고 살았나?' 이런 자괴감을 느낄 수도 있어.

삶의 목표, 가치, 직업, 인간관계 등에서 위기를 겪고 대안도 생각해보면서 정체성을 확립한 이상적인 모습이야. 충분히 고민하고 경험했기 때문에 당장 어려운 일이 있더라도 포기하지 않아. 1년이든 10년이든 평생이 걸려서라도 자신에게 주어진 일을 열심히 해. 이런 사람들은 훗날 죽음 앞에서 삶을 돌아보며 미소 지을 수 있을 거야. 정체성, 즉 '어떻게 살아야 하는가'에 대해 고민하는 이유는 잘살기 위해서이기도 하지만 잘 죽기 위해서이기도 해. 죽음을 앞두었을 때 평생의 삶을 통합해낼 수 있는가, 아니면 그저 죽음 앞에 절망하는가는 어떻게 살아왔느냐에 따라 달라지겠지.

# 피터 팬과
# 희미한 나

어릴 때 동화 《피터 팬》을 읽어봤을 거야. 주인공은 모험이 가득한 세상인 '네버랜드'에 살고 있어. 매일매일 즐거운 놀이를 찾아다니면서. 피터 팬은 책임지는 것도 싫어하고, 복잡하고 머리 아픈 일도 싫어해. 그리고 자신이 정한 서열과 규칙에 따라 아이들과 집단을 만들어 섬을 여행하며 모험을 즐겨. 피터 팬은 영원히 어른이 되지 않고 아이로 남기 위해 결코 네버랜드를 떠나지 않아. 부모님이 걱정한다며 웬디가 집으로 돌아가려 하자 몹시 화를 내지. 하지만 웬디와 아이들은 낯설고 위험한 섬에서 자신들을 보호해줄 어른의 존재가 필요하다는 걸 느끼게 돼.

신나는 모험을 꿈꾸는 어린아이들에게 동화 속 피터 팬은 영웅이야. 하지만 현실에서는 어떨까? 이 질문에 답하기 전에 먼저 너희들 주변에 있을 법한 친구 이야기를 들려줄게.

．　．　．

중학교 때부터 좀 놀던 여자아이가 있었어. 키도 크고 화장도 진하게 해서 센 아이, 노는 아이처럼 보였어. 실제로도 입에 욕을 달고 살았고 어울려다니는 아이들도 비슷했어. 누가 봐도 날라리 그룹의 아이였어.

그런데 이 아이는 고등학교에 올라와서 학기 초에는 순한 양처럼 학교생활을 했어. 4월 교생 선생님이 오셨을 때는 그 선생님에게 잘 보이기 위해 엄청 노력했지. 그런데 6월이 넘어가면서 늦잠을 자느라 지각을 하고 학교에 나오지 않는 날이 늘어갔어.

이 친구는 왜 그런 걸까? 초반에 잘못을 저지르고 선생님들과 이야기를 할 때는 눈물을 흘리며 앞으로 잘하겠다고 했어. 선생님들은 이 아이가 스스로 반성할 정도로 성숙하지만 의지가 조금 부족한 것뿐이라고 생각했어. 그런데 시간이 지날수록 조금 이상한 거야. 선생님에게 불려가면 눈물을 흘리고 반성하고 뒤돌아서면 또 말썽을 부리는 상황이 반복되었지.

어느 날 선생님은 비로소 깨닫게 되었어. 이 아이는 '내가 너(선생님)를 들었다 놨다 할 수 있다'는 생각을 가지고 자신과 심리게임을 즐기고 있다는 것을 말이야. 이 아이의 행동 패턴을 정리해보면 다음과 같아.

아이는 '제가 중학교 때 좀 놀았어요. 그래서 엄마랑도 많이 싸워서 사이가 좋지 않고 동생은 ADHD 치료를 받고 있으며 아빠는 어릴 적에 사고로 돌아가셨어요. 그런데 이제 정신 차리고 학교생활 잘 해보려고요'라고 말한다. → 담임은 아이의 이야기를 귀 기울여 들어주고 믿어준다. → 아이는 일탈행동을 하고 지금은 정신을 차리는 중이니 지켜봐달라고 한다. → 담임은 아이의 일탈행동에 크게 혼내지 않고 아이의 말을 믿어주고 기다려준다. → 아이의 일탈행동은 계속된다. → 담임은 아이의 일탈행동에 대해 제지를 가하며 교내 징계를 내리겠다고 한다. → 아이는 눈물을 흘리며 조금만 더 기다려달라고 한다. → 담임은 아이의 눈물과 거짓 약속에 다시 마음이 약해진다. → 아이는 담임과의 이런 관계를 즐긴다(아이는 담임 선생님의 관심을 집중시켜 인정받고 싶은 욕망을 충족한다).

초등학교 때 여자아이들이 고무줄놀이를 하면 꼭 어떤 남자아이가 나타나 고무줄을 끊고 도망가곤 해. 여자아이들이 쫓아오길 바라면서 일부러 괴롭히는 것이지. 짓궂은 녀석들!

이 아이는 선생님과 그런 게임을 했던 거야. 덩치만 고등학생이지 생각하는 건 초등학생 수준이야. 어른들의 마음을 좌지우지하겠다는 생각 자체가 잘못된 거야. 어른들이 그런 마음 모를 것 같지? 이미 다 알고 있어. 당연히 앞으로 어떻게 살아야지 하는 고민은 해봤을 리가 없지. 그런 고민을 시작할 수 있도록 이끌어줘야 해.

· · ·

　담임 선생님은 이 아이를 어떻게 할까 고민하다가 퀴즈를 하나 냈어. 아래 성격 카드 중에서 자신에게 해당하는 것을 골라보라고 한 거야. 너희도 해볼래? 여러 장을 골라도 상관없어.

　게으르다. 꼼꼼하다. 성실하다. 자신이 없다. 의욕이 없다. 소극적인 편이다. 쾌활하다. 표정이 어둡다. 쓸데없는 것에 신경 쓰는 경향이 있다. 한 가지에 집착하는 경향이 있다. 슬픔. 앞날에 대한 걱정. 인생의 실패자요 낙오자라는 생각. 책임지는 일은 피한다. 산만하다. 집중력이 강하다. 충동적이다. 창의적인 것 같다. 꿈이 별로 없다. 속이 좁다. 짜증을 잘 낸다. 승부욕이나 경쟁심이 강하다. 경솔하다. 포용력이 있다. 무디다. 말이 많다. 공상을 많이 한다. 열등감이 있다. 우월감이 있다. 세상이나 사람들에 대해 부정적이다. 낙천적이다. 냉정하다. 극기심이 있다. 호기심이 많다. 내 또래 아이들 중에서는 성숙한 편이다. 무언가 또래 아이들보다 어린 것 같다. 정의감이 있다. 튀는 것을 좋아한다. 튀는 것을 싫어한다. 보수적이다. 의지가 강하다. 원하는 것은 꼭 얻어야 직성이 풀린다. 스트레스가 심하다. 초조하다. 욱하는 성격이 있다. 충동적이다. 욕심이 많다. 감정적이다. 사색에 잠긴 적이 많다. 생각하는 것을 싫어한다. 내성적이다. 외향적이다. 현실적이다. 눈앞에 보이는 사실에 충실하다.

이 아이는 '게으르다, 자신이 없다, 의욕이 없다, 소극적인 편이다, 슬
픔, 앞날에 대한 걱정, 인생의 실패자요 낙오자라는 생각, 꿈이 별로 없
다, 생각하는 것을 싫어한다'를 골랐어. 어때? 이 아이가 고른 카드를
보면 '나 중학교 때 좀 놀았어요!' 하는 것처럼 보여? 아니면 우울하고
무기력한 아이 같아? 겉으로 보기에는 날라리이지만 무기력한 아이였
어. 정체성에 대한 고민이 없고 열심히 살지도 않는 '희미한 나'의 유형
은 날라리처럼 보일 수도 있고 아니면 반대로 무기력하고 우울한 아이
처럼 보일 수도 있어. 아님 그냥 어린아이이거나.

· · · ·

다시 피터 팬 이야기로 돌아갈게. 피터 팬을 마샤의 정체성 유형에 적용해보면 '희미한 나'라고 볼 수 있어. 피터 팬을 좋아했던 친구들에겐 환상을 깨뜨려서 미안하지만 정체성이 미성숙한 상태이지. 이런 10대는 자기통제력을 잃고 충동적인 모습을 보이고, 피터 팬처럼 스릴 있는 즐거움만 추구하기 쉬워.

그리고 존재감 없는 자기정체성을 메우기 위해 집단에 소속되고 싶어 해. 그 집단의 정체성을 자기 것인 양 할 수 있으니까. 일진 그룹(팸-패밀리 형성)에 들어가고 싶어 하는 아이들의 심리가 이런 게 아닐까? 강력한 일짱(일명 '통')의 지배 아래 자신이 행동대장이나 자질구레한 역할(일명 '따까리')을 맡으려 하며 자극적인 활동을 즐기는 거야. 순간의 즐거움을 위해 폭력이나 일탈행동도 마다하지 않고 말이야.

동화 속 피터 팬은 네버랜드를 떠나지만 않는다면 그대로 아이로 남을 수 있어. 하지만 심장이 뛰고 피가 흐르는 살아 있는 우리는 달라. 시간이 흐르면 원치 않아도 나이를 먹게 돼. 그러면 신체적으로는 어른이 되었지만 여전히 책임을 지고 싶어 하지 않는 의존적인 심리상태를 가진 사람들이 생겨. '피터 팬 증후군'에 걸린 사람들이야. 실제로 어른이 되어서도 어린아이의 성격을 그대로 가지고 있다면 어떨까? 고집 센 응석받이, 다른 사람의 감정을 배려할 줄 모르는 자기중심주의자, 힘든 일을 만나면 도피해버리는 무책임한 어른이 곁에 있다면?

물론 어린아이 같은 모습이 무조건 나쁜 것은 아니야. 모든 인간에게는 여전히 어린아이인 자신이 남아 있을 테지. 과거의 모든 것과 싹둑, 단절하고 살 수는 없으니까. 아이다운 순수함은 모든 창조성의 근원이고 삶에 기쁨을 주는 원천이기도 해. 그러니 꿈은 어린아이처럼 순수하되 몸은 현실에 단단히 두 발을 딛고 살아야겠지. 스스로 책임지는 삶을 위해서.

# 포로로 붙잡힌 왕자와
## 빼앗긴 나

이번에는 피터 팬과 정반대의 성향을 가진 친구의 이야기야. 어려서부터 공부, 운동, 미술 등 두루두루 잘하는 엄친아가 있었어. 공부 욕심도 엄청난 친구였지. 자기가 부족하다고 생각하는 과목이 있으면 스스로 유명 학원 정보를 찾아서 부모님한테 학원에 보내달라고 할 정도였으니까. 보통은 어떻게 하루라도 학원 안 가고 좀 쉬었으면 하지 않아? 게다가 신도 불공평하시지. 이 엄친아는 엄마한테도 다정한 아이였어. 그러니 그 엄마 친구들이 어땠겠어? 질투와 부러움이 섞인 시선으로 칭찬이 끊이질 않았어.

그러던 어느 날 이 엄친아가 완전히 무너지는 사건이 발생했어. 고등학교 2학년 중간고사 첫날, 몸이 아파 학교에 가지 못한 거야. 그것을 시작으로 다음 날도 그다음 날도 자리에서 일어날 수조차 없었어. 어쩔 수 없이 휴학을 하고 많은 돈을 들여 각종 상담과 심리치료를 받았어. 그런데 그 와중에도 아이는 불안해하며 강남 어느 학원에 보내달라고 하더래. 당연히 부모님은 말릴 수밖에 없었지. 그만큼 상황이 심각했거든.

아이는 한 번도 부모님의 뜻을 거스른 적이 없었어. 하지만 현실적으로 그게 가능한 일이야? 아무리 사랑하는 부모님이라 해도 나와 의견이나 바람이 같을 수는 없잖아. 사실은 이 엄친아가 부모님의 욕망을 자신이 스스로 원하는 것처럼 생각해버렸던 게 아닐까? 겉으로는 엄친아였지만 이 아이의 진짜 자아는 감옥에 갇힌 채 비명을 지르고 있었던 게 아니었을까?

· · ·

심리학자 에리히 프롬(Erich Fromm)은 이 엄친아와 같은 경우를 '포로로 붙잡힌 왕자'라고 불렀어.

적군에게 붙잡힌 왕자가 있었어. 그런데 적군에서는 협상을 할 목적으로 왕자에게 잘 대해주었어. 덕분에 왕자는 마음대로 명령을 내리고 물질적인 것들을 넘치도록 누릴 수 있었지. 하지만 그의 명령과 호사는 제한된

공간에서만 가능했어. 자신이 포로라고 생각하지 않으면 행복이 유지되지만, '여긴 감옥이야! 날 감옥에서 꺼내줘!' 하고 명령하는 순간 그곳은 옴짝달싹할 수 없는 감옥이 되고, 충성스럽던 신하들은 적으로 돌변할 거야. 그가 자유를 찾으려는 순간 자신의 권한으로는 아무것도 할 수 없다는 진실을 만나게 되겠지.

그렇다면 감옥을 벗어나지 않으면 되지 않느냐고? 차라리 모든 걸 누릴 수 있는 감옥을 선택하겠다고? 과연 그렇게 얌전히 말만 잘 들으면 행복할까? 그렇지 않아. 우리가 그럴 수 없는 건 바로 우리의 '정신' 때문이야. 우리의 정신만은 무의식중에도 우리가 자신을 속이도록 내버려두지 않거든. 에리히 프롬은 말했어. 우리의 정신은 자기 자신에 대해 그 누구보다 뛰어난 지식을 가지고 있다고. 그런 정신을 무시하고 억압해버리면 어떻게 될까? 엄친아가 앓아누웠던 것처럼 신체적 고통으로 나타날 수도 있고, 마음의 병을 앓게 될 수도 있어.

이미 눈치 챘겠지만 이 엄친아는 '빼앗긴 나' 유형이야. 자신에게 주어진 '공부'라는 일에는 굉장히 몰두하지만 스스로 생각하거나 의문을 갖지 않아. 부모님의 가치를 그대로 받아들이고 있잖아. 그래서 '빼앗긴 나'도 '희미한 나'처럼 건강하지 못한 모습이야.

· · · ·

이 엄친아는 경제적으로 어려움이 없고 부모님의 관심을 많이 받는 아이야. 하지만 반대로 그냥 방치되는 경우에도 '빼앗긴 나' 상태에 놓일 수 있어. 흑인 해방 운동에 앞장섰던 맬컴 엑스에 대해 들어본 적 있니? 그는 인종 차별이 극심했던 1925년 미국에서 6남매의 넷째로 태어났어. 그러나 곧 백인 우월주의 단체에 아버지는 잔인하게 살해당하고 어머니는 그 충격으로 정신병원으로 보내져. 남매는 뿔뿔이 흩어졌지.

그런 환경에서도 그는 영특하게 자랐어. 하지만 장래희망을 묻는 선생님에게 변호사가 되겠다고 하자 이런 대답이 돌아왔지.

너는 이런 사람이야!

"검둥이에게 변호사는 어울리지 않는 직업이다."

주위 선생님들은 모두 어처구니없는 표정을 지으면서 목수나 수리공이 되라고 했어. 그보다 성적이 낮은 백인 학생들에게는 의사나 변호사가 되라고 하면서. 그때부터 그는 '너는 이런 사람이야!' 하고 세상이 정해준 자신의 정체성을 믿었어. 학교를 졸업하고 7년 동안 도박과 범죄, 마약과 방탕한 생활을 일삼으며 건달로 살아가다 무장강도범으로 체포되었으니까.

맬컴 엑스는 흑인이라는 사회계층이 그의 정체성을 결정해버린 경우라고 볼 수 있어. 스스로 생각하고 의문을 가질 여지를 주지 않은 거야. 그것이 범죄자로 교도소에 수감되는 안타까운 결과를 낳고 말았어. 진정한 '나'를 빼앗긴 결과라고 볼 수 있지.

· · ·

그러나 교도소에 수감되는 것으로 맬컴 엑스의 이야기가 끝나는 것은 아니야. 그는 교도소에서 한 스승을 만나 다른 삶을 살게 돼. 스승에게 감화를 받은 그는 교도소에서 시력이 지독하게 나빠질 정도로 독서에 몰두했어. 미국의 역사를 공부하고 책임의식도 배웠지. 모르는 단어가 너무 많아서 사전을 통째로 외워버렸대. 그는 외부에서 정해진 것을 그대로 수용하지 않은 거야. 그리고 스스로 다짐했어.

"내가 범죄자가 되도록 이끈 것은 이 사회다."

"나는 거기에서 벗어나 새로운 삶을 살 것이다."

아이들은 원하든 원하지 않든 부모의 삶을 그대로 따라하게 돼. 환경이라는 것은 누가 일일 이 주입하지 않아도 스며들 듯 강요되는 거니까. 부모님의 직 업이 의사, 변호사, 교수인 아이 들과 부모님이 노동자 계층인 아이들 은 꿈꾸는 미래가 달라져. 제도적으로 정해진 것은 아니지만 자기 계층에서 벗어나면 세상으로부터 알게 모르게 가해지는 억압도 있거든. 맬컴 엑스가 변호사가 되겠다는 말에 주위 사람들이 비웃었던 것처럼, 비웃음거리가 되거나 따돌림을 당할지도 몰라.

하지만 거기에 그대로 따른다면 그것 역시 '빼앗긴 나'야. 우리는 한계를 벗어나 꿈꿀 수 있어야 해. 그러려면 먼저 자신을 가두고 있는 한계가 무엇인지부터 알아야겠지?

. . .

'빼앗긴 나'로 살아가다보면 변화를 두려워하게 돼. 스스로 고민하거나 혼란을 겪어보지도 않고 안전하고 권위 있는 세계 안에서 보호받았으니까. 옳고 그름을 따져보지도 않은 채 부모님이나 힘 있는 어른의 생각을 그대로 받아들이는 것이지. 그러니 자신의 확고한 편견을 흔드는 일이 생기면 별 이유 없이 화를 내. 반대로 두려워하며 움츠러들 수도 있고. 자기가 믿었던 것들이 무너지면 스스로 다시 고민하고 결정할 능력이 없기 때문이야.

물론 이 유형의 아이들 중 일부는 사춘기의 짧은 방황을 하기도 해. 부모님이나 부모님의 사회적 계층을 거부하고 반항하면서.

"나는 부모님과는 다른 사람이 될 거야!"

이렇게 각오하기도 하지. 그러나 '빼앗긴 나' 유형은 일종의 유행처럼 잠깐 일탈하고 다시 원래 모습으로 돌아가버려. 그러고는 자기도 할 것 다 해봤다는 식으로 생각하면서 정체성이라는 미션을 성공한 것처럼 착각하기도 해. 드라마를 보면 재벌 기업 상속자가 자주 등장하잖아? 그는 자기 계층과 다른 평범한 여인을 사랑하며 아버지와 갈등을 일으켜. 물론 사랑은 이루지만, 결국은 아버지와 화해하고 기업을 상속받는 것으로 끝나는 경우가 많아. 생각해보렴. 앞으로 그의 삶이 과연 부모님의 삶과 얼마나 달라질까?

# 또래 집단과 멈춰 선 나

한 아이가 있었어. 이 아이는 외모에 자신이 없었는데, 특히 제멋대로 인 곱슬머리가 마음에 들지 않았어. 아침마다 정성껏 드라이를 해도 비 오는 날이면 어김없이 원래 머리로 돌아가버려. 굽슬굽슬 멋진 웨이브 가 아니라 부스스하고 제멋대로인 머리카락으로 말이야. 그저 머리카 락일 뿐인데 이렇게 볼품없고 초라하게 느껴지는 건 왜일까. 아이는 거 울이 눈에 띄면 피해 다니고 사람들의 시선이 싫어 괜히 어깨를 움츠리 기도 했어.

그런데 아이는 한편으로는 외모 따위에 좌지우지되는 자신의 모습 이 실망스러웠어. 외모로 자신이나 타인을 평가하는 것이 어리석은 짓 이라는 걸 알고 있었거든. 그리고 어떤 기준이든 사람들 사이에 우열을 만드는 건 옳지 못한 일이잖아? 우리는 모두 존중받아야 할 소중한 존재인데 말이야.

아이는 자신의 외모를 부끄러워하는 마음과 그 마음 자체를 부끄러워하는 마음을 동시에 느꼈어. 모순된 마음들이 부딪치니 얼마나 혼란스럽고 괴롭겠어? 너희도 그런 마음을 느낀 적 있어? 아이는 이게 모두 자신의 정체성을 찾기 위한 과정이라는 걸 나중에야 알게 되었지.

· · ·

이 아이가 외모로 사람을 평가하는 것을 부당하다고 생각하면서도 거기에서 자유로울 수 없었던 것은 또래 친구들 때문이었던 것 같아. 우리에게 외모는 가장 큰 관심사이니까. 잘생기고 예쁜 아이돌에게 열광하잖아? 마음 깊은 곳에서는 그들과 다른 내 모습, 그들의 마음에 들지 않는 내 모습이 배척당할까봐 두려웠던 거야.

청소년기에는 또래 집단으로부터 배제되는 것을 무척 두려워하지. 어떤 아이는 교실에서 자신이 튀어 보이는 것이 너무 두렵대. 과학 과목을 좋아해서 수업 시간에도 집중하고 늘 좋은 성적을 받았어. 그런데 학년이 바뀌고 젊고 잘생겨서 엄청나게 인기가 많은 남자 선생님에게 배우게 된 거야. 선생님은 수업 시간에 눈을 빛내며 열심히 하는 그 아이를 당연히 기특하게 생각해서 이런저런 심부름을 시켰나봐. 아이는 그럴 때마다 다른 친구들이 자신을 미워하지 않을까 안절부절못했어.

결국 과학 선생님에게 다른 친구들 앞에서 자기 이름을 제발 부르지 말아달라고 퉁명스럽게 말하고 괜히 행동도 엇나가게 했어. 너희는 이 아이의 행동이 이해가 되니? 지나치게 예민한 건 맞지만 그 두려움에는 공감이 가는 면이 있어.

그런데 이와는 반대로 자신이 받아들여지지 못할까봐 미리 방어막을 치며 또래 집단을 멀리하는 아웃사이더 같은 아이들도 있어. '스따' 또는 '오타쿠'라고 불리는 아이들이야. 주로 한 가지만 잘하는 경우가 많은데 그것만으로 "이게 나야"라고 생각해버려. 그리고 그런 자신을 보호하기 위해 또래들과 관계를 맺지 않고 고립된 상태로 지내기도 해. 다른 친구들의 눈에 보이는 나는 무시해버리고 살아가는 것이지. 이런 친구들이 '오타쿠'가 되기를 기꺼이 선택하는 이유는 '스따'보다 받아들이기 쉽기 때문이야. 그런데 설령 자신이 선택한 것이라 해도 고립되는 것은 바람직하지 않아.

이른바 '오타쿠'라고 불리는 아이들은 주로 온라인상에서 자기 모습을 과대포장하는 경우가 많아. 현실에서 고립되고 인정받지 못하는 사람들은 때로 온라인이라는 가상의 공간에서 인정받고 싶어 하거든. 온라인에서는 현실의 자신을 숨기기 쉽기 때문에 자신의 가짜 모습을 훨씬 풍부하게 보여줄 수 있어. 그러다보면 결핍을 채우는 것을 넘어 완전히 다른 자기가 되기도 해. 반에서 무시당하고 이상한 아이로 취급받아 대인관계에 어려움을 겪는 아이가 온라인상에서는 대담하게 활동하는 경우도 있는 것처럼. 그러면 이 아이는 현실에서도 여전히 온라인상에 있는 것처럼 착각하며 살아가지.

• • •

'런던 킹스크로스 역 9와 3/4 정거장'.

이곳은 소설 《해리 포터》 시리즈에 등장하는 장소야. 마법학교 호그와트로 가는 비밀통로지. 그런데 이곳을 통과하기 전과 통과한 후의 주인공은 전혀 다른 사람이 돼. 이곳을 통과하기 전 머글들이 사는 현실 세계의 해리는 불우한 고아 소년이야. 이모부는 해리를 벽장 속에 가두거나 툭하면 굶겨. 사촌들은 더 심해. 학교에서 해리를 괴롭히고 따돌리는 걸 재미있는 놀이쯤으로 생각해. 가족도 친구도 없는 가여운 해리…….

하지만 '킹스크로스 역 9와 3/4 정거장'을 통과하면 더 이상 불쌍한 외톨이 해리가 아니야. 마법 천재로 모두에게 주목받는 유명인사! 용기 있게 볼드모트에 맞서 마법학교와 마법사 세계를 구하는 영웅 해리 포터!

나는 가끔 그런 생각을 해. '킹스크로스 역 9와 3/4 정거장'처럼 답답한 현실을 벗어나게 해줄 나만의 비밀통로는 없을까? 현실에서는 성적도 보통, 외모도 보통인 평범한 학생이지만, 또 다른 세계에서는 모두를 깜짝 놀라게 할 숨겨진 재능이 있을지도 모르잖아.

좀 엉뚱한 생각이지? 그런데 현실에 그 꿈을 실현해주는 공간이 있어. 바로 가상현실, 사이버 공간이야. 현실에서 신분을 확인하는 주민등록증 대신 온라인 공간에서는 아이디나 계정을 만들어. 자신만의 아바타를 통해 또 다른 내가 탄생하는 순간! 아바타는 자신을 감추기 위한 측면과 자신을 표현하고자 하는 측면을 동시에 만족시켜주기 때문에 중독성이 엄청나지.

· · ·

가상현실이 존재하기 전부터 인류는 아바타를 갈망해왔어. 아바타는 고대 산스크리트어 '아바타라(avatara)'에서 유래한 말인데, '내려온 것'이라는 뜻이야. 고대인은 신이 이 세상을 구원하고자 몇 번이고 세상에 인간의 모습으로 내려온다고 보았고, 이를 아바타라 부르며 숭배했어. 아바타에 대한 욕망은 대대로 이어져 현재 우리의 내면에서도 끓어오르고 있지. 과거 상상 속에만 존재하던 아바타는 현재 가상현실 속 캐릭터가 되었고, 사람들은 아바타의 힘을 빌려 남들로부터 자신의 존재를 확인받고자 해.

자신의 존재감을 키우기 위해 아바타를 가꾸는 일은 현대인의 중요한 일상이 되었어. 각자의 아이디나 계정으로 아바타의 큰 그림을 그리면 프로필 사진, 대화명, 타임라인 등을 통해 세부적인 부분을 채워. 그렇게 아바타를 포장해서 내놓았을 때 사람들의 반응에 따라 존재감의 크기가 결정돼. 사람들이 SNS 상의 내 모습, 아바타에 엄지 버튼을 눌러 '좋아요'를 많이 표시해줄수록 존재감은 상승하고, '싫어요'를 많이 받게 되면 존재감은 위축될 수밖에 없어.

많은 사람들이 SNS에 열광하는 이유는 자기를 어필하고 자신을 찾아가는 과정을 시험해볼 수 있는 무대가 되기 때문이야. 사람들은 아바타를 통해 자아 정체성을 확장해나가고 있어. 하지만 이것은 긍정적으로도 부정적으로도 볼 수 있어. 현실의 자신을 바꾸지 않고 다른 사람과 공감하고 교류하는 장으로 삼는다면 그것을 SNS의 긍정적인 모습이라고 할 수 있겠지. 그런데 문제는 현실과 가상의 괴리에서 발생해. 그 괴리로 인해 정체성의 혼란을 겪게 되는 거야. 정체성이 확립되어 있다면 이런 혼란 없이 현실과 온라인상의 모습이 일치하지.

. . .

    미국 뉴욕의 한 고등학교에서 흥미로운 실험을 했어. 성적이 비슷한 졸업생들이 하버드 대학교와 뉴욕 주립 대학교를 나온 후 얼마나 달라졌는지를 알아보는 실험이었어. 교수들도 쉽게 풀지 못하는 수학 문제를 냈을 때 하버드 대학교 출신은 끝까지 포기하지 않고 매달렸고 뉴욕 주립 대학교 출신은 쉽게 포기했어. 제3세계 빈곤 문제에 대한 해결책을 제시하라는 어려운 과제에서도 하버드 대학교 출신은 보다 다양하고 창의적인 해결책을 제시했지.

    왜 이런 차이가 생겼느냐고? 뉴욕 주립 대학교는 어렵고 거창한 문제는 다른 데 맡기고 '너희들은 실용적인 일에만 몰입하라'라고 교육했어. 반면에 하버드 대학교는 '너희가 이 문제를 풀지 못하면 지구상의 누구도 이 문제를 풀 수 없다'라고 가르쳤어.

    자기 자신을 찾아나가는 문제도 마찬가지야. 당장에 이득이 안 된다고 해서, 어렵고 거창하다고 해서 정체성을 찾는 것을 포기한다면 언젠가 위기를 만났을 때 쉽사리 무너져내릴 거야. 정체성이 무엇인지 자기 스스로 끊임없이 질문하는 가운데 충분히 혼란스러울 때 비로소 눈을 뜨게 되어 있어. 그런 의미에서 나, 마리아이를 포함한 '멈춰 선 나' 유형의 모든 아이들에게 응원과 격려를 보내고 싶어.

# 나의 인생 서사와
# 바로 선 나

어때, '나'에 대한 이야기 재미있지? 너희는 어떤 유형인지 생각해봤
니? '희미한 나'의 모습도 엿보이고, 때론 '빼앗긴 나' 같기도 하고, 또
'멈춰 선 나'인 듯도 하겠지? 하지만 자신 있게 '바로 선 나' 유형이라고
말할 수 있는 친구가 얼마나 될까?

우리의 삶은 하나의 이야기라고 할 수 있어. 한 사람의 삶은 자신이라
는 캐릭터가 있고, 크고 작은 사건들이 있고, 배경이 있는 하나의 이야
기로 엮을 수 있잖아. 소설처럼 도입, 전개, 위기, 절정, 결말이 펼쳐지
겠지. 네 가지 유형을 하나의 인생 이야기에 대입하면 '희미한 나'와 '빼
앗긴 나'는 소설의 도입부에 해당한다고 볼 수 있어. '멈춰 선 나'는 전
개, 위기, 절정, '바로 선 나'는 결말에 해당된다고 보면 돼.

이야기의 시작인 '희미한 나' 단계에서는 나에 대한 고민을 해보려고

해도 잘 되지 않아. 여러 가지 이유가 있겠지? 어떻게 하는지 잘 모르기도 하고, 너무 어렵기도 해. '좋은 게 좋은 거지~' 하면서 적당히 넘어가고 싶지? 사실 어른들도 마찬가지라 그런 고민을 한다는 게 쉽지는 않아. 하지만 나한테 닥쳐오는 문제들을 해결해야 하기 때문에 고민을 하지 않을 수는 없어. 그때는 머리가 터질 것처럼 아프더라도 문제에 뛰어들어야지! 그렇게 해서 남과 다른 자신을 조금씩 발견하게 되면 더욱 성숙한 '멈춰 선 나'의 단계로 나아갈 수 있어.

'나는 어떤 인간이 될 수 있을까?'

'과연 나는 할 수 있을까?'

'이 사회가 나에게 요구하는 것이 옳은 걸까?'

'멈춰 선 나' 단계에서는 이런 고민들이 시작(전개)되고, 위기도 겪고 절정에 이르면 어떤 깨달음도 얻겠지. 언제 도달하게 될지 어떤 모습이 될지는 알 수 없지만 '바로 선 나'라는 결말을 꿈꾸며 살아가는 것이 우리의 삶이 아닐까? 그래서 '인생 서사(이야기)'라고 이름 붙인 거야.

그런데 '빼앗긴 나' 단계에서는 나의 이야기를 엮을 수가 없어. 나의 생각과 의지가 아니니까 나의 인생 이야기를 쓸 수가 없지. 그러다보면 하루아침에 모든 걸 포기하고 싶은 마음이 생길 수가 있어. 앞에서 이야기한 엄친아처럼 말이야. 어느 날 갑자기 모범생이 학교에 가지 않거나 부모에게 자신을 찾지 말라는 쪽지를 남기고 집을 나가지. 이들은 자신이 '포로로 붙잡힌 왕자'라는 사실을 깨닫는 순간 더 이상 예전으로 돌아갈 수가 없어. 자신이 주인공인 새로운 인생 이야기를 쓰고 싶기 때문이지. 그러면 다음 단계인 '멈춰 선 나'로 넘어가게 되는 거야.

· · ·

○○여중에는 거울을 항상 곁에 두고 보는 '거울공주'가 있었어. 주머니에는 작은 손거울을 넣고 다녔고, 가방 속이나 책상 위에는 그보다 큰 손거울을 두었어. 언제 어디서든 거울로 자기 모습을 확인할 수 있었지. 어찌나 거울을 자주 보는지 좀 지나치다 싶을 정도였어.

거울공주의 친구는 키도 크고 욕도 잘하는 '센 아이'였어. 이 친구와 함께 있으면 누구도 함부로 대할 수 없었어. 거울공주는 폭력적인 아빠 앞에서 한마디도 못하고 당하는 엄마와 그런 엄마를 닮은 소심한 자신이 싫었어. 그래서인지 '센 아이'를 아이돌처럼 좋아했고, 이 친구가 마트에서 물건을 훔칠 때 망을 봐줄 정도로 충성했어. 그 당시에는 절도가 나쁜 일이라는 생각도 없었어. 이 친구를 위해선 무슨 일이든 할 수 있고 그것이 진정한 우정이라는 생각마저 들었어.

친구에게 자신의 모든 것을 맡겨버리는 거울공주는 '희미한 나' 단계에 있어. 정체성에 대한 고민이 없기 때문에 옳고 그름이나 도덕적인 판단도 없어. 스스로는 아무것도 할 수 없다고 생각하며 '센 아이'를 따르는 모습은 한없이 무기력하지. 거울공주가 거울을 수시로 보며 자신을 확인하려 했던 것은 자신이 희미해져가고 있다는 사실을 무의식중에 느끼고 있었기 때문이 아닐까?

아무튼 이 거울공주에게는 큰 장점이 있었어. 어릴 때부터 아빠에게 당하는 엄마를 돌보고 위로하는 역할을 맡았던 거야. 그리고 나이 차이가 많이 나는 어린 동생을 끔찍하게 아꼈지. 힘들어하는 엄마 대신 엄마 역할도 했어. 그런 모습이 학교에서도 자연스럽게

드러나서 주위에 친구들이 많아졌어. 중학교 3학년이 되자 친구들이 반장으로 뽑아줬어.

새로운 담임 선생님은 학급 자치를 중요하게 생각했고, 반장의 역할도 그만큼 중요했지. 종례 후 남아서 담임 선생님과 학급 행사를 챙기는 일이 많아지면서 예전 친구들과 함께 하는 시간이 저절로 줄어들었어. 집에서 가족들을 챙기듯 학급에서 친구들을 챙기면서 거울공주는 바빠졌어. 친구들은 어려운 일이 생기면 반장부터 찾았고, 거울공주는 더 이상 거울을 볼 시간이 없었어.

. . .

학교에 가면 친구들이 항상 '반장~ 반장~' 하면서 거울공주를 불러. 준비물이 뭔지 묻기도 하고, 교과 선생님에게 이것 좀 물어봐달라고 하기도 해. 친구들끼리 갈등이 생겨도 담임 선생님보다 반장에게 먼저 이야기했어. 학급에 말수가 적어 혼자인 친구가 있는데, 거울공주는 쉬는 시간에 괜히 그 친구 옆에 앉아서 장난도 걸어보고 음악을 듣거나 책을 읽기도 했어. 왜냐하면 친구 없이 혼자 있으면 누군가가 만만하게 보고 괴롭힐지도 모른다는 것을 알고 있었거든. 초등학교 시절에도 늘 그랬어. 하루는 어떤 친구가 말했어.

"반장, 왜 맨날 ○○이 옆에 있어? 걔 안 씻어서 옆에 가면 냄새난다던데?"

거울공주는 자신도 모르게 화가 났어. 하지만 내색하지 않고, 그 이야기를 누가 했느냐, 그리고 설령 사실이라고 해도 그런 이야기는 아주 친한 사이에도 기분 나쁠 수 있는 것 아니냐고 말해줬어.

그날 밤 거울공주는 그 일에 대해 곰곰이 생각해봤어.

'나랑 상관없는 이야기에 왜 화가 났을까?'

'나는 왜 그 친구 옆에 있어줘야 한다고 생각했을까? 반장이라서?'

'그 친구를 위해 한 일 같지만 사실은 나를 위한 일이라는 생각이 드는 건 왜일까?'

거울공주의 고민이 시작되었지. 거울공주는 '멈춰 선 나' 단계에 들어선 거야.

거울공주는 자신이 많이 변했다는 사실을 문득 깨달았어. 중학교 1, 2학년 때의 일이 아득하게만 느껴지는 거야. 반장을 하고 남을 도우면서 자신이 더 행복해졌다는 걸 알게 되었어. 그리고 예전에는 집에 들어가기 싫어 친구들과 시내를 맴돌았지만 지금은 그렇지 않아. 엄마를 설득해서 동생과 함께 외할머니네로 거처를 옮겼고, 아빠에게 그렇게 하겠노라고 당당하게 말한 것도 거울공주였어. 아빠는 마음에 들지 않는 눈치였지만 의외로 순순히 그러라고 했고, 가끔 학교로 찾아와 용돈을 주고 가기도 했어.

거울공주는 고등학교 내내 반장을 했어. 고등학교에서는 아이들이 공부하느라 반장을 맡으려고 하지 않는 분위기라서 거울공주는 자청해서 반장이 될 수 있었어. 중학교 3학년 때 만난 담임 선생님 같은 선생님이 되고 싶다는 생각도 어렴풋이 들었지. 하지만 고등학교에서 만난 선생님들은 때론 너무 실망스러웠어.

2학년 때는 종례까지 반장인 자신에게 맡겨버리고 학급에는 전혀 관심이 없는 담임 선생님도 계셨어. 학급에 사고가 생기면 화를 내면서 반장에게 책임을 돌리고 나무라기도 하셨어. 그 해는 너무나 힘들어서 많이 울고 교사라는 꿈을 접고 싶기도 했어. 엎친 데 덮친 격으로 오랫동안 마음고생을 했기 때문인지 엄마가 큰 병에 걸려 입원하셨어. 경제적으로도 어려워졌지. 거울공주는 세상이 원망스럽고 왠지 모든 게 억울하다는 생각에 가슴이 터질 것 같았어.

. . .

지금 거울공주는 마흔 살이 되었어. 그동안 어떤 일이 있었느냐고? 일단 거울공주는 바람대로 선생님이 되었어. 고등학교 때 교사라는 직업에 깊은 회의감이 들었지만, 엄마의 병환 때문에 경제적인 문제를 생각해서 사범대학에 입학했어. 하지만 선생님이 되기 위해 온 선후배, 동기들의 열정적인 모습이 거울공주를 다시 꿈꾸게 했어. 학자금 융자로 대학을 마치고 선생님이 되어 빚도 갚았어.

거울공주는 '바로 선 나'가 되었을까? 서른이 될 때까지도 거울공주는 고민과 혼란이 가득했어. 선생님이 되어서 만난 현실은 이상과 너무 달랐거든. 하지만 지금은 사명감을 가지고 일하고 있어. 선생님이 되고 나서 많은 사람들을 만나면서 거울공주는 깨달았어. 아빠와 엄마의 관계, 중학교 때 '센 친구'와 자신의 관계, 반장을 했을 때 고립된 친구와 다른 아이들의 관계…… 이런 관계들이 모두 폭력적이고 일방적이며 평화롭지 못한 관계라는걸. 그리고 인생 질문을 발견한 거야.

'폭력적인 관계를 평화로운 관계로 바꾸려면 어떻게 교육해야 할까?'

이것이 거울공주가 끝까지 포기하지 않고 붙들고 있는 인생 질문이야. 이 질문을 풀기 위해 연구하고 실천하며 살아간대. 이만하면 '바로 선 나'라고 할 수 있겠지?

'희미한 나'였던 거울공주가 '멈춰 선 나' 단계인 반장이 되고 '바로 선 나'인 선생님이 되는 인생 서사를 살펴봤어. 어때, 이제 조금 이해가

폭력적인 관계를
평화로운 관계로
바꾸려면 어떻게
교육해야 할까?

되니? 너희는 어떤 인생 서사를 쓰고 싶니?

　자, 마무리하며 다시 한 번 마샤의 질문을 떠올려보자.

　'너는 어떻게 살지 깊이 고민하거나 혼란스러워해본 적 있어?'

　'너는 지금 열심히 살고 있어?'

　'너의 삶의 이야기는 어디쯤에 와 있을까?'

PART4

# 나 바로 세우기

세 가지 관문

공부를 해야 하는 진짜 이유

나의 꿈과 끼를 찾아서

내 꿈의 방향 세우기

좋아하는 일과 잘하는 일

어떤 가치를 지닌 어떤 사람이 될까?

자소서 속의 나는 누구?

진짜 나의 인생 이야기

# 세 가지
## 관문

와~ 벌써 책의 절반이 넘었어. 여기까지 읽느라 수고했어. 쓰담쓰담.
이제 정체성이 무엇이고 왜 중요한지 조금은 알겠지? 여기서는 어떻
게 하면 정체성을 바로 세울 수 있는지 그 방법에 대해서 이야기하려고
해. 음, '무작정 따라하는 정체성 만들기' 이런 것은 아니고 '정체성 만
들기 활동지' 같은 것도 아니야. 정체성을 바로 세우기 위해 꼭 거쳐야
하는 관문 같은 것? 아니면 꼭 필요한 것들이라고 해도 좋겠지.

그런데 너희 '이.생.망'이란 표현 알지?

'시험을 망쳤어요.'

'그래서 대학 가기 힘들어요.'

'그래서 좋은 직장도 구하기 힘들 것 같아요.'

'그래서 내 인생 망해버렸어요! 이번 생은 망했다고요.'

그래, '이생망'이란 '이번 생은 망했다'라는 말인데, 너희가 툭하면 하는 말이지? 사실 나도 많이 하는 말이야. 특히 중간고사, 기말고사 시험을 망치면 나도 모르게 이 말이 툭 튀어나와.

그런데 이생망이라는 표현의 느낌이 어때? 뭐라고? 설득력 있다고? 하긴 그래. 이생망이라는 말이 설득력이 없다면 널리 퍼지지도 않았을 거야. 공감하는 사람들이 많으니까 이 표현이 퍼져나가겠지. 그런데 한편으로는 시험 망침, 대학 망침, 직장 망침, 인생 망침이라니, 너무 성급한 결론 아냐 하고 생각하고 있지? 다들 진짜로 '이생망'이라고 생각하고 이 말을 하는 건 아닐 테니까.

· · ·

정체성에 대해 이야기하다 웬 뜬금없는 '이생망'이냐고? 다 이유가 있지. 바로 지금부터 이야기할 '어떻게 하면 정체성을 바로 세울 수 있을까'와 관련이 있거든.

그러면 어떻게 하면 정체성을 찾을 수 있을까? 어떤 걸 집중적으로 고민하면 정체성을 찾는 데 도움이 될까? 여기서는 세 가지 방법을 제시하려고 해. 이 책은 10대들의 정체성을 찾는 데 도움을 주기 위한 책이잖아. 어, 몰랐어? 몰랐다면 지금 알면 되지. 어쨌든 정체성을 찾는데 도움이 되는 공부, 진로, 인생 서사에 대해 살펴보려고 해. 우리는 좋든 싫든 학교를 다니고 진로를 정하고 나름대로 인생을 살아가. 그런데 이런 인생의 과정을 지나면서 정체성을 찾으면 좋겠지만 쉽지가 않지. 어차피 학교 다니면서 공부하잖아. 공부하면서 나의 정체성도 찾을 수 있다면 좋지 않겠어?

우선 우리는 학생이니까 학교 이야기를 안 할 수 없지. 열심히 공부를 하든 안 하든 학교에서 많은 시간을 보내. 우리는 학교에 왜 다닐까? 학교에 다니는 것은 우리의 삶과 어떤 관계가 있을까? 공부는 나의 인생과 어떤 관련이 있을까? 나의 정체성을 찾기 위해 꼭 짚고 넘어가야 할 부분이야.

공부 다음으로 큰 고민은 진로에 대한 거야. 나는 뭘 해야 할까? 고등학교, 대학교는 어디를 가야 할까? 아주 큰 고민이지. 나의 꿈, 내가 갖게 될 직업이 곧 나의 정체성이라고 할 정도로 깊은 관련이 있어. 나는 무엇을, 어떻게 하는 사람이 될까? 그러니까 정체성과 진로 고민은 깊은 관련이 있지.

그리고 조금은 낯설겠지만 인생 서사에 대해 이야기해보려고 해. 서사라고 하면 조금 어려운데 이야기, 스토리, 줄거리 정도로 생각해줘. 내 인생의 줄거리인 것이지. 모든 사람은 나름대로 자기 이야기가 있고, 그 줄거리가 이미 머릿속에 있어. 신기한 것은 사람들은 자신의 머릿속에 있는 줄거리대로 살아간다는 거야. 따라서 그 머릿속의 이야기를 들여다볼 필요가 있어. 자기 인생 줄거리와 정체성은 아주 직접적으로 연결되어 있으니까.

따라서 정체성을 찾기 위해 거쳐야 하는 첫 번째 관문은 '왜 공부를 할까'에 대한 나만의 답을 찾는 거야. 두 번째 관문은 '나의 진로를 어떻게 계획할까', 세 번째 관문은 '나의 인생 서사를 어떻게 쓸까'이지. 쳇! 이미 알고 있는데 그런 걸 왜 하느냐고? 진짜 알고 있는 것 맞아?

아버지가 건축가인 형이 있어. 이 형은 어려서부터 건축을 하는 아버지를 보면서 멋있다고 생각했고, 자기도 이다음에 크면 아버지처럼 멋진 건축가가 되어야겠다고 다짐했어. 대학도 건축학과를 갔지. 그런데 건축학과에 가서 형은 건축에 소질이 없다는 사실을 알았어. 건축 하면 아름다운 건물을 짓는 것이라고만 생각했는데, 아름다운 건물을 짓기 위해서는 구조나 역학 같은 수학이나 물리를 알아야 했지 뭐야. 이 형 수학이나 물리는 어지간히 싫어했거든. 형은 건축학과가 예술학과가 아닌 공대에 있는 이유를 그제야 알겠데래.

　　그리고 이런 형도 있어. 요즘 진로에 대해서 고민을 하다보니 주변에 있는 친구, 선배, 아는 분들을 유심히 보게 돼. 그러다보니 이런저런 사연을 많이 알게 되더라고. 이 형은 신문사나 방송사에서 일하고 싶은데, 경제학과를 나온 아버지가 강력하게 경제학과를 가라고 했지.

　　'남자는 경제를 공부해야 돈을 벌 수 있어!'

　　형의 아버지가 경제학과를 고집하는 이유였어. 그렇게 해서 경제학과를 가기는 했는데, 이 형 아무래도 '대2병'에 걸린 것 같아.

　　아마 형들은 아까 말한 '정체성에 이르는 세 가지 관문'에 대한 질문을 해보지 않았을 거야. 이 세 가지 질문을 스스로에게 해보았다면 아마도 형들의 인생이 달라졌을 거라고 생각해. 마찬가지로 우리도 이 세 가지 관문에 대한 질문을 해본 적이 없으니까 툭하면 '이생망'이라는 말을 하는 거야. 그 고민을 진지하게 해본 사람들은 절대 이런 표현을 쉽게 하지 못하겠지. 그게 얼마나 소중한 것인지 알거든!

어떤 그림이 있어. 누군가 옆에서 그림의 점, 선, 면을 보라고 하면 정말 그림의 점, 선, 면이 보여. 또 누군가 옆에서 그림의 색을 보라고 하면 색이 보이지. 구도를 보라고 하면 또 구도가 보이고 말이야. 그렇게 여러 가지를 반복해서 보다보면 그림 보는 안목을 키울 수 있어. 정체성도 마찬가지야. 좀더 다양한 각도에서 들여다보면 나의 정체성이 더욱 잘 보일 거야.

# 공부를 해야 하는 진짜 이유

아, 이 세 가지 관문에 대한 답을 할 생각만 해도 머릿속에서 갑자기 지진이 일어나는 것 같지 않아? 이렇게 어려운 질문에 대한 답을 어떻게 하라고. 그런데 '피할 수 없으면 즐겨라'라고 하잖아. 어차피 피해갈 수 없는 꼭 거쳐야 하는 관문이라면 즐겨야지!

그리스 신화에 나오는 '꿈의 신' 모르페우스 알지? 그의 집에는 두 개의 문이 있는데, 상아로 장식된 문으로는 거짓된 꿈을, 뿔로 장식된 문으로는 진실된 꿈을 내보냈다고 해. 너희도 이 두 개의 문 앞에서 '나의 정체성'이라는 보물을 찾기 위해 서 있다고 생각하고 질문을 던져봐. 너희의 꿈을 향한 질문이기도 할 거야. 자 그럼, 첫 번째 질문이야!

'우리는 왜 공부할까?'

학생이 공부하는 게 당연한데 우리는 왜 이 공부라는 굴레에 갇혀 사는 걸까? 그건 우리 잘못만은 아닐 거야. 사람들이 아주 당연하다는 듯이 '공부 잘해? 대학은 어디로 갈 거야?'라고 물어보잖아. 행복은 성적순이 아니라고 주장하지만 그렇게 주장하는 것 자체가 씁쓸하지.

162~163쪽 그림은 공부를 하는 이유에 대한 어느 중학교 아이들의 대답이야. '학교에 다니니까' '엄마가 하라고 하니까' 이런 별 생각 없어 보이는 대답도 있지만, 자신의 꿈이나 가치관, 학문 자체에 대한 흥미, 공동체에 기여하고자 하는 의지까지 다양한 생각이 존재해.

너는 왜 공부하는지에 대한 자신만의 답을 가지고 있니?

. . .

사실 학교 교육의 목표는 크게 두 가지로 나눌 수 있어. 하나는 교과 내용, 그리고 다른 하나는 기본 소양이야. 교과 내용이라는 것은 국어면 국어 그 자체, 과학이면 과학 그 자체이지. 쉽게 말하면 과학 교육의 목표는 뛰어난 과학자를 배출하는 거야. 그런데 모든 학생이 과학자가 될 것은 아니잖아. 나머지는 뭔데? 나머지에게는 과학적인 기초 소양을 갖게 하자는 것이지.

예전에 전자레인지가 처음 나왔을 때 누군가 애완동물을 목욕을 시키고 전자레인지에 넣어 돌린 적이 있었어. 애완동물이 죽자 전자레인지 회사에 소송을 했어. 왜 애완동물을 넣지 말라는 말을 안 했느냐면서 말이야. 전자레인지에 애완동물을 넣고 돌리면 안 된다는 것. 당연

한 것 아니냐고? 그래, 당연히 안 된다고 생각하면 기본 과학 소양이 있는 거야.

'비는 왜 올까?'라고 물었을 때 '구름이 후~'해서라고 답하는 아이들은 단지 유치원생뿐일까? 뭐, 너도 그렇게 알고 있다고?

요즘에는 기본 소양이라는 표현 대신 핵심 역량이라고 해. 의사소통 능력, 사고력, 논리력 뭐 이런 것을 기르자는 것이지. 즉 원래 공부의 목적은 국어, 영어, 수학, 과학 등의 전문적 내용 자체와 그 과목들에 대한 기본 소양 혹은 역량을 기르는 것이라고 할 수 있어. 그렇지만 막상 현실은 좀 다르지. 엄마가 하라고 해서, 안 하면 혼나니까, 돈 벌려고……. 이게 공부의 목적이 되었잖아. 쩝.

．　．　．

그리고 배우고 싶은 과목만 배우고 나와 상관없는 과목은 안 배우고 싶다고 말하는 경우도 있어. 난 엔지니어가 될 건데 시는 뭐 하러 배우나? 나는 소설가가 될 건데 왜 수학을 그렇게 어렵게 배워야 하지? 이런 식으로 말이야.

이렇게 말하면서 빌 게이츠를 예로 들어. 빌 게이츠는 대학을 자퇴하고 컴퓨터 하나로 세계 최고의 부자가 되었지. 그러니까 빌 게이츠처럼 한 가지만 잘해도 된다, 이렇게 생각하는 거야. 빌 게이츠뿐만 아니라 애플의 스티브 잡스, 페이스북의 마크 저커버그는 모두 대학을 중간에 그만두었다는 공통점이 있어. 그러니까 한 가지만 열심히 하고 여차하면 다 때려치우고 올인해라, 뭐 이렇게 생각할 수도 있지.

그런데 말이야, 우리나라에서 하도 이런 소리를 하니까 그게 빌 게이츠의 귀에도 들어갔나봐. 어느 날 빌 게이츠가 한 강연에서 말했지.

"나 한 가지만 잘하는 사람 아닌데?"

스티브 잡스는 기본 소양 교육과 내면의 힘을 강조했어. 손글씨 수업에 푹 빠진 경험 덕분에 애플의 예쁜 글씨체가 나왔다고 말하곤 했어. 잡스는 인도에서 승려들과 함께 지내기도 했는데, 애플이라는 회사 이름도 그가 불교 수행을 하던 장소가 사과농장이라서 그렇대.

흠흠, 정체성 이야기를 하다가 웬 공부 타령이냐고? 정체성을 찾기위한 방법 중 하나가 공부이기 때문이지. 전문 지식과 다양한 분야에 대한 기본 소양은 나를 날게 할 양 날개라고 할 수 있어. 나중에 뭐가 될지 아직 모르잖아. 사고력, 논리력, 의사소통 능력은 나중에 무엇을 하든 도움이 될 수 있어. 아이코, 미안해. 공부 이야기는 여기까지만 할게. 으아아, 아니 하나만 더 하고 끝낼게.

· · ·

사실 왜 공부를 하느냐고 물어보면 가장 많이 하는 답이 두 가지라고 해. 하나는 좋은 대학을 나와서 좋은 직장에 취직하고, 그리고 결혼도 잘하기 위해서라는 거야. 다른 하나는 공부를 해야 대접받고 살 수 있기 때문이라고 해. 아닌 말로 요즘에는 좋은 대학을 나와도 취직하기 힘들잖아. 취직은 잘 안 되어도 좋은 대학 나왔다고 하면 대접은 받는다는 것이지. 대부분은 이런 '인정욕망' 때문에 공부를 하고 대학을 간다는 거야. 어른들도 우리한테 공부하라고 할 때 강조하는 것도 이 두 가지이고.

그런데 우리가 공부를 해야 하는 진짜 이유가 있어. 사실 좀 어려운 이야기일 수 있는데, 철학적으로 말하자면 진리와 허위를 구별할 수 있는 눈을 기르기 위해서야. 좀더 쉽게 말하면 진짜와 가짜를 구별할 수 있는 능력이야. 예를 들어 '착하고 위대한 사람이 되고 싶다'라고 하면 재미없으니까, '나는 천하에 나쁜 사람이 되어야겠다'라고 작정을 했어. 어떻게 하면 천하에 나쁜 사람이 될 수 있을까? 천하에 나쁜 짓을 해야 하잖아. 그렇다면 어떤 게 좋은 거고 어떤 게 나쁜 건지 구별할 수 있어야겠지? 그것도 천하에 나쁜 짓이라면 아주아주 나쁜 짓이어야 하겠지.

마찬가지로 더 아름답고, 더 선한 것을 구분할 수 있는 눈을 기르는 게 공부야. 더 아름답고, 더 선하게 살고 싶은 게 인간의 기본적인 욕구이니까. 시대가 아무리 변해도 공부를 해야 하는 이 진리는 절대 변하지 않을 거야. 우리가 공부를 해야 하는 가장 중요한 이유이지.

# 나의 꿈과 끼를 찾아서

　여기까지 잘 따라왔니? 도중에 그만둔 친구들 없어? 휴, 모두 잘 따라왔구나. 안녕! 다시 보니 더 반갑구나. 이제 두 번째 관문, '진로'에 대한 거야. 다른 말로 하면 나의 꿈과 끼를 어떻게 찾아갈까 하는 것이지.

　'꿈'과 '끼'.

　어디서 많이 들어본 말이지? 꿈과 끼 하면 생각나는 것은? 그래, 자유학기제야. 중학교에서는 자유학기제를 하고 있어. 자유학기제는 쉽게 말해 시험을 안 보고 진로탐색 활동, 예술·체육 활동, 주제선택 활동, 동아리 활동 수업을 하는 것을 말해. 자유학기제가 앞으로는 한 발 더 나아가서 자유학년제로 시행될 예정이라고 해. 한 학기만 하는 것이 아니라 1년 내내 한다는 것이지. 그런데 자유학기제를 왜 하는지는 알지? 시험을 위한 공부 말고 자신의 꿈을 진지하게 찾아보자는 거야. 아래 표를 보면 자유학기제를 하는 이유를 더 잘 알 수 있을 거야. 모든 제도는 그것을 시행하는 이유가 있거든. 어차피 거쳐야 하는 과정이라면 좀더 효율적으로 활용하는 게 좋지 않겠어?

**진로탐색 활동**

각자의 적성과 소질을 탐색해 스스로 미래를 설계할 수 있도록 한다.

예) 진로 검사, 초청 강연, 포트폴리오, 현장체험 활동, 직업 탐방, 모의 창업 등

**주제선택 활동**

각자의 흥미, 관심사를 반영한 여러 가지 전문 프로그램을 운영해서 학습 동기를 불러일으킨다.

예) 드라마와 사회, 3D 프린터, 웹툰, 행복교육, 금융·경제교육, 헌법·법질서교육, 인성교육 등

**자유학기 활동**
**학생 중심의 다양한**
**체험 및 활동 운영**

**예술·체육 활동**

다양하고 내실 있는 예술·체육 교육을 통해 학생들의 소질과 잠재력을 계발한다.

예) 연극, 뮤지컬, 오케스트라, 작사, 작곡, 벽화 그리기, 디자인, 축구, 농구, 스포츠 리그 등

**동아리 활동**

각자의 공통된 관심사를 기반으로 조직·운영함으로써 학생 자치활동 활성화 및 특기·적성을 계발한다.

예) 문예 토론, 라틴 댄스, 과학 실험, 천체 관측, 사진, 동영상, 향토 예술 탐방 등

    • • •

　진로탐색 활동 시간은 지금 현장에서 활동하는 분들을 직접 만나는 직업 탐방활동을 많이 해. 파티셰나 디자이너, 요리사, 경호원 등은 현장 체험이 무엇보다 중요하니까. 또한 이 시간에 진로적성 검사를 해서 그것을 토대로 자신의 포트폴리오를 작성하기도 해.

　예술·체육 활동 시간은 자신이 좋아하는 활동을 해보는 시간이야. 축구나 농구, 악기, 뮤지컬, 그림 등의 활동을 통해 평소에 몰랐던 자신의 새로운 가능성을 발견할 수도 있어. 동아리 활동 시간은 문예 토론이나 사진, 라틴 댄스 등의 공통 관심사를 중심으로 모여 자유롭게 활동하면서 자신의 적성을 계발하도록 하고 있어. 주제선택 활동 시간은 경제교육이나 인성교육처럼 교과와 연계된 주제를 잡아 깊이 있는 토론과 탐구활동을 하는 시간이야.

　이런 자유학기제는 처음에는 신선한 충격이었고 호응도 많이 얻었어. 그런데 학교마다 개설되는 프로그램에 차이가 있고, 정말 그 시간에 충실하면 자신의 꿈을 찾을 수 있을까 하는 실제적인 효과에 대한 의문도 있긴 해.

　사실 우리나라의 자유학기제는 좀 아쉬운 면이 있어. 중학교 1학년 때 시행한다는 것 때문이야. 외국의 사례를 보면 최초의 자유학기제는 아일랜드의 전환학년제야. 중학교 과정을 마친 다음에 전환학년제를 시행해. 그리고 나서 고등 과정에 들어가게 되지. 덴마크도 의무교육인 중학교를 졸업한 다음에 이런 시기를 갖고, 영국은 고등학교를 마친 후 대학에 들어가기 전에 진로를 고민할 시간을 주지.

중학교 1학년과 고등학교 1학년은 덩치도 그렇고 생각도 참 많이 차이가 나지. 중학교 1학년에게는 진로체험이 놀러가는 것일 수 있지만 고등학생쯤 되면 진로 문제가 절실하게 다가올 거야. 아마 고3쯤 되면 더욱 피부에 팍팍 와닿겠지. 그런데 우리나라 고3을 대상으로 시험을 없앤다고 말하면 그 사람부터 자리가 위태로울걸? 대한민국 고등학교에서는 현실적으로 무리일 거야. 그래서 진로에 관심이 있을 나이에 유예 기간을 주고 싶긴 하지만 현실적인 문제로 중학교 1학년에서 시행하는 것이지. 그러다보니 효율은 좀 떨어지게 돼.

그렇다고 하지 말자는 건 아니야. 다양한 경험은 자신의 진로 결정에 도움이 되었으면 되었지 손해는 아닐 테니까.

· · ·

자, 꿈과 끼에서 우선 꿈 이야기부터 해볼게.

프랑스의 화가 클로드 모네(Claude Monet)는 어린 시절 공부에 흥미가 없었어. 그래서 수업 시간에 공책에 그림을 그리곤 했지. 때로는 선생님을 익살스럽게 그리기도 하고 때로는 유명인을 그리기도 했어. 그중 몇몇 작품은 사람들로부터 인정받아 비싼 값에 팔리기까지 했어. 그러나 아버지는 화가가 되고 싶어 하는 아들의 꿈에 반대했지. 아버지는 모네가 자신처럼 장사를 배워 가게를 물려받기를 원했어.

모네는 자신이 되고 싶은 꿈과 아버지가 바라는 꿈 사이에서 갈등했어. 고민 끝에 모네는 그림을 배우기 위해 파리로 떠났어. 그 후 자신만의 방식으로 그림을 그렸지.

하지만 사람들은 그의 그림을 달가워하지 않았어. 갖은 혹평을 받은

모네는 자신의 꿈에 대한 확신을 갖지 못했어. 이렇게 화가의 길을 계속 걸어야 할지 고민스러웠지. 이런 혼란 가운데 모네는 다시 자신의 꿈에 다가서기로 했어. 그는 물에 비치는 빛의 효과를 관찰하여 그림으로 표현하기 위해 배 위에 작업실을 만들 정도로 대단한 열정을 보였지. 그런데도 현실은 녹록지 않았어. 빛에 따라 달라지는 순간의 색과 느낌만을 표현한 그의 그림들은 예쁘고 정교한 그림에 익숙했던 사람들의 마음을 끌지 못했어. 비난만 잔뜩 쏟아졌지. 여기서 무너져내리는 것은 아닌가 하는 초조한 마음이 있었지만 모네는 꿈에 대한 자신의 소신을 지켰어. 결국 모네는 빛의 예술가로서 세계적인 명성을 얻게 되었고 비로소 꿈을 이룰 수 있었어.

어쩌면 꿈을 찾아가는 과정은 한순간의 강렬한 끌림, 한 방향으로 끊임없이 매진하는 것이라기보다 '혼란'이라는 물보라 속에서 중심을 잡아가는 과정이라고도 할 수 있어. 혼란을 느껴보지도 않고 '나는 할 수 없어, 나는 안 될 거야'라는 생각을 가지면 꿈을 향한 열정도 의욕도 없어지게 돼. 꿈에 대한 기대감이 없으면 자꾸 꿈에서 도망가려고 해. 생각만 해도 머리가 아프고 귀찮거든. 그러다보면 결국 꿈을 접게 되고, 아니 꿈조차 꾸지 못하게 돼.

# 내 꿈의 방향 세우기

　모네처럼 꿈을 향해 묵묵히 걸어가는 것은 멋진 일이야. 자신만의 확실한 꿈이 있다면 그 길을 걸으면 돼. 그런데 많은 아이들의 문제는 꿈이 확실하지 않다는 거야. 너는 꿈이 확실해? 안타깝게도 꿈이 확실한 아이들은 얼마 되지 않아. '뭐가 될래요'라고 말하는 아이도 확실한 꿈이라기보다는 그냥 좋아 보여서 그렇게 말하는 경우가 많지. 꿈이 없거나 꿈이 계속 바뀌기도 하고 말이야.

　꿈이 변하는 것은 어쩌면 당연한 거야. 현실의 벽에 부딪힐 수도 있고, 나에게 더 맞는 일을 찾을 수도 있어. 목표한 바를 이루기까지가 너무 오래 걸려 좌절할 수도 있고, 그래서 차선책을 찾을 수도 있어. 하지만 내가 좋아하는 일이 무엇인지, 내가 잘하는 것이 무엇인지를 생각하면서 방향을 잃지 않고 나아간다면 조금 돌아간다 하더라도 자기만의 길을 찾을 수 있을 거야. 마치 어두운 밤에 길을 잃었을 때 북극성이 길잡이가 되어주는 것처럼.

．．．

우리 교회 선생님은 대학 때부터 잡지사 기자를 꿈꾸었어. 그래서 대학을 졸업하고 여러 잡지사에 이력서를 넣었는데 잘 되지 않았어. 그러다 책 번역 일을 시작했고, 한 출판사의 요청으로 친구와 함께 일본 여행에 관한 책도 쓰기도 했지. 그렇게 번역을 하고 책을 쓰면서 집에서 일을 했어.

청춘의 나이에 집 안에 갇혀서 해야 하는 그 일들이 지겨워질 무렵, '세상 속으로 나가자'라는 마음으로 다시 기자직에 도전을 했어. 한 경제 전문지의 기자로 몇 년 동안 일을 하게 되었지. 하지만 경제 전문 지식이 부족해 기사를 쓰는 데 어려움을 많이 느꼈어. 이에 주위 사람들과 깊은 인생 상담을 하고 출판계로 이직을 결심했어.

다행히 선생님은 번역, 원고 집필, 신문기자 경력을 인정받아 한 중견 출판사의 기획 파트로 갈 수 있었고, 입사해서 처음으로 기획한 책이 베스트셀러가 되었어. 덕분에 선생님은 해외 도서전이나 해외 출판사를 방문할 기회가 많았고, 능력도 높이 평가를 받았어.

이후 독립해서 출판사를 꾸려가고 있는데, 많은 어려움이 있었지만 출판에 대한 선생님의 확신이 워낙 강했기에 그 어려움을 다 넘을 수 있었고, 지금도 출판사의 미래를 생각하면 언제나 '맑음'이라며 웃어 보이셔. 다만, 생각보다 참 오랜 시간이 걸리는구나 할 뿐이라고!

　처음엔 기자가 되고 싶었다가 번역, 출판으로 다른 길을 가고 있지만, 어쨌든 '활자'를 다루는 일을 하고 싶었다는 커다란 방향성이 있었기에 그동안의 경험이 출판 일을 하면서 시너지를 일으킨 거야. 자신이 하고 싶은 일에 대해 중심과 방향을 잃지 않는다면 처음에 꿈꾸었던 그 일이 아니더라도 두 번째, 세 번째 더욱 만족할 수 있는 일을 찾아갈 수 있어. 그래서 인생은 결과가 아니라 과정으로 보여주는 것인지도 몰라.

· · ·

　얼마 전 우리 학교 진로 수업 시간에 졸업생 선배가 와서 수업을 했어. 이 선배는 자신이 원하는 꿈이 있었지만 자의 반 타의 반으로 괜찮은 대학, 괜찮은 학과에 입학을 했어. 그런데 대학에 가서 엄청 방황했어. '안정'보다는 '도전'하는 삶을 살고 싶었기 때문이지. 인생에서 가장 빛나는 시기를 방향성도 열정도 없이 하루하루 보내는 것에 회의가 많이 들었어.

'내 인생은 도대체 어디로 흘러가는 것일까? 이대로 계속 가도 괜찮을까?'

그러던 어느 날, SNS에서 우연히 한 남자의 창업 이야기가 담긴 동영상을 보았어. 자신의 인생을 온전히 자신의 것으로 만들어나가기 위해 도전의 연속인 삶을 사는 그 남자의 실패, 그리고 그 실패를 딛고 일어나 성공이라는 밭을 일궈나가는 절절한 이야기가 선배의 삶에 방향성을 제시해주었지.

선배는 그 영상을 보고 나서 처음으로 '꿈'에 대해서 진지하게 생각했어. 하지만 그 꿈이라는 게 너무 추상적이고 멀게만 느껴졌지. 그래서 '좋아하는 일' '잘하는 일' '하고 싶은 일'이 무엇인지, 뭘 하면서 웃고 즐거워했는지, 집중해서 할 수 있었는지를 생각하며 스스로를 돌아보기 시작했어. 그렇게 몇 달이 지나자 자신이 진정으로 좋아하고 하고 싶은 일에 대한 그림이 머릿속에서 구체적으로 그려졌어.

그것은 '패션'이었어. 하지만 워낙 성공할 수 있는 길이 좁다는 걸 잘 알고 있었고, 대학 들어간 지 한 학기도 되지 않아 학교를 그만두겠다고 하면 부모님은 물론 주변 사람들 모두 반대할 게 뻔했지. '그래도 해야겠다!' '그렇다면 어떻게 할까?'라는 생각이 머릿속에서 맴돌다, '말보다는 행동, 결과로 보여드리자!'라는 생각으로 도전하는 쪽을 택했어. 부모님을 설득하기 위한 전투가 시작되었어. 당시는 소셜커머스가 많이 생겨나면서 업체들에서 '서비스 개선'과 '마케팅' 공모전을 많이 실시했는데, 우선 공모전에서 입상하자는 목표를 세웠지.

일단 목표가 서자 며칠 밤을 지새우면서도 즐거운 마음으로 준비를 했어. 전공 공부를 할 때와는 다른 느낌이었어. 그렇게 수많은 공모전에 도전해서 결국 수상을 했어. 부모님도 더 이상 말리지 못하고 이렇게 말씀하셨다고 해.

"네가 하고 싶은 걸 하는 건 좋다. 대신 먹고살려면 일자리는 있어야지. 차라리 취업을 해!"

선배는 휴학을 하고 취업을 해서 '하고 싶은 일'을 할 수 있게 되었어. 지금은 패션학교에서 마지막 공부를 하고 있고, 남자 의류 쇼핑몰을 운영하고 있어.

정말 내가 좋아하고, 하고 싶은 게 있다면 도전하는 정신이 필요해. 지금이 아니면 나중에는 더 힘들고 후회도 남을지 몰라. 물론 무엇을 하겠다고 말하면 주변에서는 진심 어린 충고를 해주거나 혹은 비아냥거릴지도 몰라. 그리고 항상 즐겁고 재미있을 수도 없고 힘도 들겠지. 하지만 정말 힘들게 찾은 거라면 충고의 벽에 자신의 꿈이 무너지지 않도록 마음을 다잡아야 해.

# 좋아하는 일과
# 잘하는 일

　우리는 보통 '내가 좋아하는 일'을 직업으로 선택하면 행복할 거라고 생각해. 그런데 잘 생각해봐. 이것은 어쩌면 함정일 수 있어. 무슨 말이냐 하면, 만약 내가 《해리 포터》를 쓴 조앤 롤링처럼 '작가'가 되고 싶다는 꿈을 가지고 있다고 해봐. 그런데 작가라는 직업은 내가 좋아하고 동경한다고 해서 할 수 있는 게 아니잖아? 물론 내가 좋아해서 노력하면 그렇지 않은 사람들보다 더 잘할 수 있는 확률이 높기는 하지만, 작가로서의 재능이 뒷받침되지 않으면 힘든 일이야. 언어에 대한 탁월한 감각과 세상을 보는 넓은 시각, 풍부한 감성 등이 있어야 가능한 일이지.

　너희들 래퍼나 뮤지션 좋아하지? 그러나 내가 랩이나 음악을 좋아한다고 해서 그들처럼 될 수 있는 것은 아니야. 음악은 굉장히 좋아하지만 음치라면? 물론 음치도 노력하면 어느 정도 극복은 되겠지만, 분명 한계가 있을 거야. 이런 경우에는 음악을 계속 듣다보면 듣는 귀가 발달하게 될 테니, 직접 노래를 하는 사람보다는 음악을 만드는 사람이나 음악을 평하는 평론가, 전문 음악 잡지 기자 같은 직업을 고려해보는 게 좋을 거라고 생각해. 유명한 작곡가 중에는 노래를 못하는 사람도 많아.

· · ·

한 남학생이 태권도를 열심히 했어. 매주 5일씩 무려 6년간 태권도장에 가서 열심히 운동했지. 그래서 발차기나 품새 등이 아주 훌륭했어. 그런데 시합에 나가서 상대와 겨루면 매번 1, 2회전에서 지는 거야. 결국 태권도가 아닌 다른 길을 갔어.

그 학생은 한참 시간이 지난 후 자신이 왜 태권도 시합에서 번번이 졌는지 깨닫게 되었어. 아무도 말해주지 않고 본인도 모르고 있었는데, 그 학생은 다리가 짧았어. 일명 숏다리지. 팔이 길고 어깨가 벌어졌으며 허리가 길어. 키가 작지는 않지만 다리가 짧은 체형이었어. 그런데 태권도 시합은 쉽게 말하면 발로 상대방의 몸통, 얼굴 때리기 시합이잖아. 비슷한 실력이라면 다리가 긴 쪽이 유리하지.

그걸 깨닫고 나니 왜 자신이 태권도 시합에서 졌고, 어릴 적 아이들과 유도처럼 서로 넘어뜨리기 게임을 하면 너무 쉽게 이겼는지 그 이유가

설명이 되더래. 짧은 다리와 강한 상체를 타고났으니 넘어뜨리기 게임은 아주 쉬웠던 거야.

타고났거나 습득했거나 어쨌든 남보다 나은 능력을 '끼'라고 부를 수 있어. 그 남학생이 태권도가 아니라 유도나 레슬링을 했으면 조금 더 이기는 경험을 하지 않았을까?

• • •

아까 이야기한 출판사를 운영하는 우리 교회 선생님은 어려서부터 만화를 굉장히 좋아했어. 중학교, 고등학교 다닐 때는 틈만 나면 만화책을 읽고 학교에서 쉬는 시간에 친구들에게 자신이 읽은 만화 내용을 들려주곤 했지. 그리고 잡지사 기자에 여러 번 도전하고 안 되자 가장 먼저 떠오른 일이 만화 번역가였어. 그래서 모 방송국에서 운영하는 아카데미의 '애니메이션 번역 작가' 양성 과정에 들어갔어. 아카데미를 다니면 번역 숙제를 많이 내주는데, 1주일에 한 편 정도는 번역을 해야 해. 선생님은 나름대로 열심히 숙제를 해갔지.

지금 애니메이션 번역 작가로 유명한 작품을 많이 번역하는 분이 계시는데, 그분도 선생님과 같이 수업을 들었어. 방송이나 영화관에서 방영하는 유명한 일본 애니메이션, 디즈니 애니메이션 중에 그분이 번역한 작품이 많아. 그런데 그때 선생님이 해간 숙제와 그분이 해온 숙제를 비교하면 확연히 차이가 나더래. 그분이 해온 숙제는 대사 한마디 한마디가 톡톡 살아서 움직이는데, 우리 선생님이 해간 숙제는 대사가 딱딱한 문장이 되어 둥둥 떠다녔던 거야. 아니나 다를까 그분은 같이 공부한 사람들 중에서 수석으로 졸업하고, 곧바로 작가 데뷔도 해서 지금까지 그 일을 계속 하고 있다고 해.

교회 선생님은 그분을 보면서 '번역 일을 하고는 싶지만 내가 탁월한 재능이 있는 건 아니구나'라고 생각했어. 실제로 번역아카데미를 졸업하고 애니메이션 번역 일을 한두 번 맡아서 해보았지만, 입말 구사 능력에 대한 한계가 느껴져서 다른 일을 찾아야겠다는 생각뿐이었대. 나중에 알게 된 것이지만, 이 선생님이 가장 잘할 수 있는 일은 '콘텐츠 기획'이었다고 말씀하셨어. 출판 기획도 콘텐츠 기획이니 결국 선생님이 가장 잘할 수 있는 일을 찾은 것이지.

. . .

내가 좋아하는 일이 내가 잘할 수 있는 일이 되면 그때는 고민할 필요가 없겠지만, 그렇지 않을 때는 고민을 하지 않을 수 없어. 그때는 내가 잘할 수 있는 일이 무엇인지를 먼저 생각한 다음 그중에서 내가 좋아하는 일이 무엇인지를 찾는 것도 하나의 방법이야.

이를테면 내가 미술을 좋아하지만 그림을 잘 그리지는 못하고, 내가 잘할 수 있는 일은 사람들의 마음을 잘 읽고 공감하는 것, 내 마음을 누구한테도 잘 표현할 수 있는 것, 상대의 눈높이에 맞게 이야기할 수 있는 것이라고 해봐. 그렇다면 내가 잘할 수 있는 일들을 아래처럼 먼저 적어보는 거야.

신경정신과 의사, 상담사, 선생님, 심리치료사, 마음 칼럼니스트, 작가…….

다음에는 이 중에서 내가 좋아하는 걸 찾아봐. 미술을 좋아한다고 했으니까 미술로 마음을 읽는 마음 칼럼니스트나 미술심리치료사 같은 것은 어떨까?

이렇게 정리하다보면 자신이 잘할 수 있는 일이 무엇이고, 어떤 꿈을 가져야 할지 더욱 명확하게 보일 거야. 그리고 그 꿈은 절대 한 번에 강렬하게 다가오지 않아! 어느 날은 이것인 것 같았다가 다음 날은 다른 거라는 생각이 들 수도 있어. 마음속에서 하나의 꿈에 대한 확신이 들 때까지 이런 과정을 계속 반복해보렴! 그 과정을 반복하다보면 하나의 꿈에 대한 확신이 들 거야.

# 어떤 가치를 지닌
# 어떤 사람이 될까?

지금까지 '꿈'과 '끼'에 대해서 살펴보았어. 그런데 말이야, 진로에는 꿈과 끼만으로는 조금 아쉬운 부분이 있어. 꿈은 내가 하고 싶은 것, 끼는 내가 잘하는 것이지. 그러니까 내가 하고 싶고 잘하는 것을 하자는 말일 거야. 내가 하고 싶고, 잘하는 것을 하자! 와, 좋은 말 같아.

그런데 정말 내가 하고 싶고 잘하는 것을 하면서 지낼까? 곰곰이 생각해보면 하고 싶고 잘하는 것보다는 내가 해야 하는 것들이 많은 시간을 차지하는 것 같아. 피겨 스케이팅 스타 김연아 선수는 연습이 너무 힘들어서 포기하고 싶었던 적이 많았다고 해. 그래도 꿋꿋이 버텨

서 영광의 자리에 올랐지.

김연아 선수처럼 대부분의 운동선수들은 '하하하, 운동하고 싶어~ 난 너무 잘해'라고 하기보다는 땀 흘리고 고통을 참으면서 운동을 하는 거야. 공부도 그렇고 회사에서 일하는 것도 마찬가지야. 늘 재미있기만 하는 일은 없어. 재미있기도 하겠지만, 어쩌면 더 많은 힘든 시간을 버텨야 하는지도 몰라.

그런데 왜 사람들은 많은 시간을 하고 싶지도 않고 잘하지도 않는 일을 참아가면서 할까? 그것은 해야 하기 때문이지. 왜 해야 할까? 돈 때문에? 먹고살려고? 그래, 물론 그런 것도 있어.

그리고 해야 한다는 것은 가치의 문제이기도 해. 가치 있는 일이기 때문에 힘들고 잘 못해도 해야만 하는 경우가 있는 거야.

부부가 아이를 낳았어. 첫아이는 당연히 처음이니까 어떻게 키워야 하는지 잘 몰라. 아이가 울고 보채면 왜 그러는지 몰라 당황스러워하지. 둘째 아이, 셋째 아이가 태어났어. 꼭 셋을 낳으려던 것은 아니었는데 실수로(?) 셋째가 나와버렸지. 꼭 낳고 싶지도 않았고 아이 키우는 방법을 잘 알지도 못해. 그래도 대부분의 부모는 정성껏 아이들을 키우지. 왜? 하고 싶었던 것도 아니고 잘하는 것도 아닌데? 아기 때는 새벽에도 울어서 잠도 못 자게 하고, 돈도 많이 들고, 중학생만 되어도 자기 방 문 닫고 말도 안 거는데 왜? 해야 하기 때문이지. 부모. 그것이 바로 정체성이니까.

    · · ·

  너무나 당연한 것을 예로 들었나? 조금 갈등되는 예를 들어볼까? 어떤 직업을 선택할까? 의사가 되어볼까? 희망 직업이 의사인 친구들 많지. 돈을 잘 벌어서 의대, 치대, 약대는 인기가 많아. 의사가 하고 싶고 또 잘할 수 있는 똑똑한 아이들이 의대에 들어가서 의사가 되지. 그런데 말이야, 너희는 어떤 의사 선생님을 만나고 싶어?

  의학 드라마를 보면 꼭 나오는 장면이 있어. 앰뷸런스에 환자가 실려 있어. 그런데 이 환자의 신분을 확인할 수가 없어. 신원 불명의 환자인 것이지. 보호자도 없고 수술도 까다로워. 앰뷸런스에 탄 구급대원들은 여기저기 병원에 수술이 가능한지 물어봐. 병원들마다 해당 환자를 수술할 여건이 안 된다고 해. 구급대원들은 어찌어찌 헤매다가 주인공이 있는 병원에 왔어. 환자는 지금 수술하지 않으면 죽을 가능성이 매우 높아. 그런데 수술을 해도 수술 과정에서 죽을 가능성 또한 높아.

  선배 의사가 주인공에게 말하지.

"안 돼. 지금 개복하면 바로 어레스트(심정지)야."

"선배, 지금 환자가 죽어가고 있잖아요. 수술해야 합니다."

"보호자도 없어. 네가 책임질 거야!"

"그래도 죽어가는 환자를 내버려둘 순 없잖아요."

"돌려보내!"

"간호사, 수술 준비해줘요."

"너⋯⋯."

"김 닥터님⋯⋯."

"제가 사인합니다."

이렇게 의사도 하나의 직업일 뿐이라는 선배와 의사는 환자의 생명을 가장 우선시해야 한다는 주인공이 대립을 하지. 의사가 된다면 어떤 의사가 되고 싶어? 네가 환자라면 어떤 의사에게 진료를 받고 싶어?

⋅ ⋅ ⋅

이를 조금 어려운 말로 '직업윤리'라고 표현할 수 있어. '어떤 직업을 선택할 것인가'보다는 '어떤 사람이 될 것인가'라는 질문을 항상 갖자는 말이야.

백범 김구 선생님은 이런 말씀을 하셨어.

"돈에 맞춰 일하면 직업이고 돈을 넘어 일하면 소명이다. 직업으로 일하면 월급을 받고 소명으로 일하면 선물을 받는다."

존경을 받는다는 것이지. 스스로도 뿌듯하고 말이야. 평생을 섬에서 한센병 환자를 돌본 의사 선생님은 많은 이들의 존경을 받아. 마더 테레사는 가장 가난하고 약한 사람들을 돌보았고 그래서 성인으로 불리고 있지.

어떤 책에서 봤는데 꿈을 생각할 때는 항상 '어떤'이라는 말을 넣어서 생각하래. 의사가 되고 싶다면 '어떤 의사가 되고 싶은?', 화가가 되

고 싶다면 '어떤 화가가 되고 싶은가?' 이렇게 말이지. 내가 돈을 많이 버는 의사가 될 것인가, 아프고 가난한 사람들의 편에서 그들을 돕는 의사가 될 것인가는 자신이 어느 쪽에 더 많은 가치를 두느냐에 따라 달라지지. 마찬가지로 선생님이 되고 싶다면 '어떤 선생님이 되고 싶은가?', 책을 만드는 사람이 되고 싶다면 '어떤 책을 만드는 사람이 되고 싶은가?'와 같이. 이 '어떤'이라는 말을 넣어서 생각하면 나의 가치가 더욱 뚜렷해질 것이고, 나의 가치에 맞는 나의 미래도 펼쳐지는 가치 있는 삶이 될 거야.

사람은 누구나 인정을 받고 싶어 해. 특히 청소년 시기라면 인정받고 싶은 마음이 더 크지. 또한 사람은 의미 있는 존재가 되려는 욕망이 있어. 이른바 의미욕망이야.

'내가 너의 이름을 불러주었을 때 너는 나에게로 와서 꽃이 되었다.'

이름 불리고 의미 있는 존재가 되고 싶다는 것이지.

꿈, 하고 싶은 일.

끼, 할 수 있는 일.

의미, 가치 있는 일.

사람에 따라 꿈을 더 중요시하거나 끼를 더 중요시하거나 의미를 더 중요시할 수 있어. 너는 어때?

# 자소서 속의
## 나는 누구?

이제 세 번째 관문인 인생 서사에 대한 이야기를 할 차례구나.

이웃집에 한 엄친아가 살고 있어. 그 엄친아는 인문계 고등학생이고 '학생부 종합전형'을 준비하고 있다는데, 얼굴을 보기 힘든 것만 봐도 무진장 바쁜 것 같아. 들리는 소문으로는 갖가지 과외와 학원의 힘을 받아 엄청난 스펙을 쌓았다고 해. 역시 학교에서 '공부짱'으로 인정받을 만한 비결이 있었던 것이지.

그런데 우연히 엄마한테서 엄친아에 대한 숨은 이야기를 들을 수 있었어. 이 엄친아의 일상을 살짝 들여다볼까? 그 아이는 새벽을 체육학원에서 맞이해. 내신 대비를 위한 체육수업을 받는 것이지. 땀 흘려 운동을 끝내고 나면 학교로 향하는데 이때 자투리 시간을 활용하여 과외, 학원, 학교 수업에 대한 예습과 복습을 해. 물론 학교 일과 중 쉬는 시간이나 점심시간도 예외가 아니야. 학교 수업이 끝나면 근사한 차가 와서 엄친아를 모셔가고 각종 학원 투어를 시작하지. 미술학원, 음악학원, 내신 대비 학원, 수능 대비 학원, 진로코칭센터, 봉사활동 컨설팅 학원, 공모전 준비 학원, 포트폴리오 작성 대비 학원 등 엄친아는 1주일이 부족할 만큼 온갖 학원들을 다녀. 그것도 모자라 틈틈이 시간을 쪼개어

학교 수행평가 및 숙제 대비 과외를 받기도 해. 와, 듣기만 해도 눈이 핑 글핑글 돌지 않아?

그는 '능력자'의 길을 걸어야만 했지. 험난하다는 학생부 종합전형을 넘어서야 했고 이를 위해 학교 공부, 수능 공부, 진로 활동, 동아리 활동, 수상 실적, 독서 활동, 봉사 활동 등 다양한 스펙을 쌓아야 했어. 내신 성적이나 수능 성적만 준비해도 되었던 과거 선배들과는 달리 모든 것을 두루두루 잘해야 하는 게 현실이기 때문이야.

학생부 종합전형이란 학생부 내신뿐만 아니라 비교과 활동을 기반으로 자기소개서와 교사 추천서를 제출하고 면접을 통해서 선발하는 수시전형이야. 내신에서 드러나지 않는 학생의 잠재력, 성장 가능성, 학업 능력, 열정, 적극성 등을 입시에 반영하여 평가하고자 하는 거야.

그러니 이 엄친아처럼 좋은 대학에 가려는 친구들은 내신뿐만 아니라 비교과 활동에도 열심히 참여해야 한다는 것이지. 공부하기도 바쁜데 각종 학교 행사와 독서, 봉사, 동아리 활동을 해야 하는 거야. 그야말로 헉헉~ 할 수밖에.

· · ·

그리고 입시에서 좋은 성적을 거두기 위해서는 학생부에 스토리가 나타나도록 써야 한다고 해. 진로희망의 경우 1~3학년에 걸쳐 계속성과 계열성을 갖도록 쓰는 게 좋아. 예를 들면 1학년 때 언론인, 2학년 때 신문기자, 3학년 때 정치부 기자, 이렇게 관련성을 가지고 점차 구체화되도록 쓰는 게 좋다는 것이지. 신문기자였다가 역사학자였다가 과학자 등으로 진로희망이 왔다 갔다 하는 것은 입시에 유리하지 않다는 거야. 웬만한 정보력 있는 부모라면 괜찮아 보이는 아이의 길을 미리 정해두고, 도자기 빚듯 아이를 그 모양으로 하나하나 만들어가는 것 같아. 정확히 말하면 아이를 만드는 것이 아니라 아이의 학생부를 만들어가는 것이지.

수학이 정말 좋아서 수학연구 자율동아리를 만드는 것일까? 자기주도적이고 열정적인 학생임을 강조하여 학생부에 한 줄 적어넣기 위해 자율동아리를 만드는 것일까? 학생회 임원 활동을 하는 것은 진정한 리더이기 때문일까, 리더십을 보여주기 위해서일까 헷갈릴 때가 있어. 진로희망이라는 것이 그렇게 쉽게 정해질 수 있는 것일까? 아직 어리면 어리다고 할 수 있는 우리가 한 가지 계열의 길로만 계속해서 희망할 수 있는 것일까?

실제로 이야기를 나눠보면 꿈이 없는 친구들이 대부분이야. 내가 무엇을 좋아하는지, 어떤 사람인지, 어떤 일을 할 때 행복한지 모르겠다는 것이지. 그런데 짧은 우리의 인생 경험으로 그것을 안다는 것이 어쩌면 더 이상한 일일 거야. 부모의 바람대로 살아가다가 성인이 되어서야 자신을 찾고 인생을 다시 시작하는 사례는 이제는 생소한 이야기도 아니지.

•　•　•

　학생부에 차곡차곡 쌓아놓은 스펙은 대학 진학을 앞두고 자기소개서의 소재가 돼.

　공부하기에도 바쁜 고등학교 3년 과정에서 얼마나 대단하고 극적인 스토리가 있을까? 그런 스토리를 가진 아이들이 얼마나 될까? 하지만 자기소개서 하나하나마다 실로 놀랄 만한 스토리들이 등장하곤 해. 자기소개서에 단골로 등장하는 소재는 합창대회나 체육대회 때 반티 정하는 이야기라고 해. 반 아이들이 갈등을 일으키고 싸울 때, 자신이 중재자로 등장하여 문제를 짜잔~ 해결했다고. 그런데 이런 이야기도 너무 우려먹어서 이제는 독창성이 없어.

　다음은 일반적인 자기소개서 형식이야.

_ 고등학교 재학 기간 중 학업에 기울인 노력과 학습 경험에 대해 배우고 느낀 점을 중심으로 기술해주시기 바랍니다.(1000자 이내)

_ 고등학교 재학 기간 중 본인이 의미를 두고 노력했던 교내 활동을 배우고 느낀 점을 중심으로 3개 이내로 기술해주시기 바랍니다. 단, 교외 활동 중 학교장의 허락을 받고 참여한 활동은 포함됩니다.(1500자 이내)

_ 학교 생활 중 배려, 나눔, 협력, 갈등 관리 등을 실천한 사례를 들고, 그 과정을 통해 배우고 느낀 점을 기술해주시기 바랍니다.(1000자 이내)

_ (대학 자율 문항) 해당 모집 단위에 지원하게 된 동기와 이를 준비하기

위해 노력한 과정이나, 지원자의 교육환경(가정, 학교, 지역 등)이 성장에 미친 영향 등을 경험을 바탕으로 구체적으로 기술하시오.(1500자 이내)

_ 대교협 자기소개서 공통 양식

어때, 내 인생 스토리, 인생 서사가 잘 드러날 것 같아? 아니면 어떻게든 잘 포장해서 괜찮은 아이로 보이고 싶을까? 학교에서 친구를 도와준 사례는 배려와 나눔을 실천한 사례로, 동아리 활동에서 있었던 의견 다툼은 갈등을 해결하고 협력을 한 사례로 과장되고, 모두 대단한 인격자로 포장되곤 해. 부풀리기는 그래도 사실을 기반으로 하니 다행이라고 해야 할까? 자기소개서를 부모님이나 선생님이 써주거나 전문으로 써주는 대행기관에 의뢰도 한다고 하니, 이건 자기소개서가 아니라 한 인간을 다시 창조하는 과정이라고 해야겠지?

그런데 이제는 입학사정관들도 가짜 자기소개서를 잘 걸러낸다고 해. 그러니 합격을 위해서라도 새로운 인간을 창조할 것이 아니라, 진짜 내 모습을 찾고 그런 진짜 내 모습을 제대로 담아내는 것이 더 중요하지 않을까?

# 진짜 나의
## 인생 이야기

지금까지 가짜 자기소개서의 문제점에 대해 이야기했는데 이제 진짜 자기 인생 이야기를 쓰는 방법을 이야기해볼게.

진짜 자기 인생 이야기는 '자기소개서'라는 표현보다는 '자서전'이라는 표현이 더 어울려. 입시나 취업을 위한 자기소개서가 아니라 나 스스로를 위한, 나의 정체성 확립을 위한 자서전 쓰기인 것이지.

이 자서전은 누구에게 보여주기 위한 것이 아니라 바로 나 자신을 위한 거야.

이생망.

이번 생은 망했다.

이렇게 혼자 쓰고, 혼자 읽고, 혼자 느껴도 돼.

그런데 말이야, 이생망보다는 조금 멋진 인생 이야기를 써보고 싶지 않아? 요즘은 100세 시대이고 4차 산업혁명이 어쩌고 하는데 더 좋은 인생 이야기를 쓰면 좋잖아. 아, 물론 이렇게 말한다고 해서 이생망이 라고 믿는 너희의 생각이 쉽게 달라지지 않는다는 것도 잘 알아.

· · ·

자신의 인생에 대한 믿음은 인생관이라고도 하지. 심리학자 에릭 번 (Eric Berne)은 이를 '인생 각본'이라고 불렀어. 뭐라고 부르든 간에 심리 학자들은 대체로 유치원생 나이 정도에 기본적인 인생관을 확립한다고 해. 나는 성공하는 아이구나, 나는 실패하는 아이구나, 뭐 그런 기본적 인 믿음과 삶의 태도를 갖는다는 것이지.

주변에 보면 그런 사람들 있잖아. 뭘 해도 긍정적인 사람. 뭘 해도 부 정적인 사람. 안 바뀌잖아. 그런데 말이야, 유치원생이 인생을 경험해 봐야 얼마나 했다고 그 아이의 판단에 평생을 맡겨버려? 그래서 가끔 어른이 되어서 자신의 판단을 수정하는 사람이 있어. 이른바 '스스로를 깨닫는' 사람이지. 나를 아는 것은 참 어려운 일이잖아. 고대 그리스의 철학자 소크라테스는 '너 자신을 알라'라고 말했다지. 너희 모두 그렇게 알고 있지? 그런데 사실 이 말은 아폴론 신전 입구에 새겨진 것을 소크 라테스가 옮겼을 뿐이라고 해. 스스로를 깨닫기 위해 많은 사람들이 다 양한 노력을 하지. 참선, 논쟁, 상담, 검사 등 방법도 여러 가지야.

지금 소개할 인생 서사, 내 인생 자서전 쓰기는 스스로를 깨닫는 방법 중 하나야.

먼저 어린 시절을 떠올려봐. 뭔가 사진처럼 뚜렷하게 기억에 남는 장면들이 있을 거야. 시간이 멈춘 것 같고 오직 한 가지만 보이는 순간 말이야. 너무 기뻤거나, 너무 슬펐거나, 공포에 떨어서 잊혀지지 않는 순간, 그 순간의 감정. 자서전 쓰기의 출발은 거기서부터야.

어느 날 점심시간, 나는 이상한 경험을 했어. 교실 창밖으로 운동장에서 아이들이 뛰어노는 모습을 보고 있었어. 그런데 문득 이상한 기분이 드는 거야. 운동장을 바라보는 나를 또 다른 내가 내려다보고 있었어.

이 책의 처음은 이렇게 시작했어. 내 자서전은 이렇게 시작했거든. 자서전은 나름대로 책이니까 스토리가 있겠지. 밥 먹고 학교 갔다가 집에 와서 밥 먹고 잤다. 무한 반복. 끝. 이러면 너무 재미없잖아.

부모님이 이혼했다. 소년원에 갔다. 왕따를 당했다. 실제 사건이라면 너무 힘든 일이잖아. 그런데 글이니까 이런 사건이 좀 있어야 하지 않겠어. 내 기억의, 사진 속의 감정은 매우 쓰린데 막상 왕따를 당했다는 글을 쓰려면 몇 장 못 써. 별 내용이 없거든. 내 느낌으로는 공포영화급이고 눈물이 줄줄 나는데 막상 써놓고 보면 시시해. 솔직히 눈물이 줄줄 나오는 글을 쓴다면 벌써 작가 소리를 듣고 있겠지. 동화를 봐. 〈백설공주〉에는 마녀와 난쟁이, 말하는 거울이 나와. 〈흥부와 놀부〉에는 흥부에게 제비가 은혜를 갚고 놀부의 박에서는 도깨비가 나오지. 재미있게 읽는 글들은 어찌 보면 엄청난 사건들이 있어. 실제 주인공의 삶을 그대로 따라 산다면 우리는 외상 후 스트레스 장애를 입을지도 몰라.

자서전의 예를 하나 들어볼게.

따돌림을 당했다.
중학교 1학년 말, 반 아이들이 롤링페이퍼를 돌렸다.

듬성듬성 여기저기 쓰여 있는 나에 대한 글 중에는 좋은 말보다 나쁜 말이 더 많았다. '재수 없다.' '잘난 척 좀 그만해라.' 글씨만 봐도 누구인지 알 것 같았다. 대놓고 그렇게 말할 정도로 내가 싫었을까? 성의껏 써준 친구들 때문에 버리지도 못하고 집에 가져와 책상 서랍 깊숙이 넣어두었지만, 서랍을 열 때마다 그 롤링페이퍼는 무시 못할 존재감으로 내 가슴을 콕콕 찔렀다.

학교에서 1박 2일 체험학습을 갔다. 나는 간신히 미진이라는 아이와 친구가 되었고, 미진이와 다른 친구들과 함께 잠을 잤다. 다음 날 아침 이불 정리를 하고 개놓은 이불에 기대어 눈을 감고 있었다. 미진이를 제외한 4명의 조원들이 우르르 들어왔다. 나는 피곤했기 때문에 그냥 계속 눈을 감고 있었다. 그중 한 아이가 말했다.

"도대체 미진이는 왜 쟤를 우리 조에 끼워준 거야? 짜증 나게. 쟤 땜에 방에 있기도 싫잖아."

나는 계속 눈을 감고 자는 척을 했다. 분명 아이들은 내가 잠들어 있지 않다는 사실을 알았을 것이다. 그 후에도 계속해서 나란 존재의 불편함에 대해 정말로 잠이 들었던 사람도 깰 만큼 큰 소리로 계속해서 불평을 늘어놓았다. 내 존재가 짜증 났던 아이는 한 명이 아니었던 듯 돌아가며 불평불만을 늘어놓다가 들어올 때처럼 우르르 나가버렸다.

아이들이 나간 걸 알고도 한참 후에야 눈을 뜰 수가 있었다. 숙소는 아이들로 가득 차 있었고 복도에서, 다른 방에서 왁자하게 시끌벅적한 소리가 들려왔지만 이 세상에 홀로 남겨진 것처럼 외로웠다. 밖의 소리가 시끄러우면 시끄러울수록 나는 점점 더 작아지는 것 같았고 어디론가 아무도 없는 곳에 가서 숨어버리고 싶었다. 그렇지만 아무 데도 갈 곳이 없었고 내가 할 수 있는 일은 아무것도 없었다. 아무 일도 없었던 것처럼 아무 상처도 받지 않았던 것처럼 있었다.

......

그 아이들이 왜 그랬을까 궁금했다. 시간이 지나고 생각해보니 그 아이들도 나도 어렸던 것 같다. 나는 사교성이 부족했고 그 아이들은 교실에서 자그마한 지위라도 얻기 위해 나를 밟고 올라서려 했다. 이제는 다 지나갔다.

· · ·

입시용 자기소개서에 위와 같은 글은 거의 없을 거야. 과거의 상처를 자세히 묘사한다거나 창밖을 바라보다가 문득 내가 유체이탈한 것 같은 느낌을 받았다, 뭐 이런 글을 나 뽑아달라고 쓸 수는 없잖아. 그러나 자서전이라면 이런 글을 써야 해. 왜냐하면 그게 나에게 가장 중요한 것이니까.

위 글은 이 책의 지은이 중 한 명이 쓴 거야. 과거 따돌림을 겪은 일을 세세하게 쓰는 것은 정말 힘들었대. 눈물로 글을 썼지. 나에게 그 글은 솔직히 그냥 그랬는데 본인에게는 엄청난 인생 전환이 일어났대. 자신을 괴롭히던 과거에서 벗어난 거야. 신기한 건 실제로 성격도 변하더라고. 뭐랄까 인상이 편안해졌다고나 할까.

자서전은 내 기억 속 강렬했던 사건을 중심으로 그때의 감정을 써보고, 왜 그런 사건이 있었는지, 그 사건 이후로 내가 어떻게 변했는지 인과관계를 써보는 거야. 눈물 나는 일이면 더 좋아. 글을 쓰다가 눈물이 난다는 것은 아직 그 일이 내 마음속에 남아 있다는 뜻이거든. 모든 글이 다 써지고 그 글이 남의 글처럼 이해되면 나를 위로했다는 뜻이 되지. 그러면 과거의 상처와 작별할 수 있거든.

꼭 눈물 나는 이야기가 아니어도 나의 인생관을 바꾸어놓은 계기를 써도 좋아. 아직 중학생인 내가 정치에 관심이 있으면 얼마나 있겠니? 그런데 지난겨울 '촛불 정국'을 지나면서 우리 사회가 엄청난 경험을 했잖아. 이전까지만 해도 공부해서 대학 가는 게 가장 큰 관심사였던 우리가 친구들과 삼삼오오 무리를 지어 광화문광장으로 향하면서 무슨 생각을 했는지, 그때의 경험들로 어떤 새로운 세상을 보았고, 나의 인생에 어떤 전환점이 되었는지를 써도 좋겠지.

아니면 시시콜콜한 일상생활이지만 내 기억 속에 남아 있는 이야기도 좋아. 내 이야기를 들려줄게. 중학교 1학년 말, 사춘기가 한창 강림할 때였지. 내가 원하는 대로 성적은 안 나오고, 엄마는 온통 대학 가는 이야기만 하고. 하루는 그런 엄마에게 짜증이 나서 쪽지를 써놓고 집을 나와버렸어.

'친구 집에 며칠 있다 올게. 찾지 마!'

그런데 못 말리는 우리 엄마가 울면서 온 동네 PC방을 다 찾아다니고, 길거리에서 만난 내 친구들을 붙잡고 "우리 마리아이 못 봤니?" 라고 묻는 거야. 내가 어찌나 창피하던지 친구들 얼굴을 못 보겠지 뭐야.

'아우, 쪽팔려!'

나는 그날 바로 집에 들어왔어. 사실 그러고 다니는 엄마를 보니까 갑자기 죄송스럽기도 했어. 그렇게 나의 사춘기는 끝나버렸고, 이후로는 무슨 일이 있어도 절대 집은 나가지 말자 다짐했지. 대신 짜증이 나거나 고민이 있을 때는 엄마랑 대화를 나누게 되었어. 엄마와는 대화가 안 통할 거라 생각했는데, 이야기를 나누면서 서로를 더욱 이해하게 되었지. 그 덕분에 학교에서 친구들과 있을 때도 짜증 나는 일이 훨씬 줄었어. 이렇게 해서 '대화를 많이 하자!'라는 나의 인생 철학이 생기게 되었지.

그러니까 진짜 나의 인생 이야기에는 '나는 어떤 사람이고, 어떤 일들을 통해서 지금의 나를 만들었고, 나의 생각이 바뀐 계기는 무엇인가' 와 같은 내용이 담기면 돼. 이런 진짜 자기소개서를 쓴다면 정체성은 물론 입시, 직장, 국가고시 등 어떤 시험에서도 다 통하게 될 거야.

· · ·

지금까지 정체성을 바로 세우는 방법에 대해서 이야기했어. 청소년이니까 공부를 열심히 하자, 전공과 기초 소양의 균형을 갖추자, 꿈·끼·의미 있는 일을 찾아보자, 나를 위한 자서전을 써보자, 이런 이야기였지.

그 외에도 정체성을 세우기 위해 여러 가지 방법을 써볼 수 있어. 예를 들면 다양한 조건 속에서 나의 스펙트럼을 확인해보는 거야.

성 정체성과 관련해서 나는 남성성이 강한 사람과 여성성이 강한 사람 사이의 어디쯤 위치할까? 나는 진보와 보수 사이의 어디쯤 위치할까? 자유와 질서, 내 마음대로 하기와 법대로 하기, 유머러스하기와 무뚝뚝하기, 무조건 앞서 나서기와 맨 뒤에서 따르기 사이에서 어디쯤 위치할까? 그리고 나는 왜 그 위치에 서 있을까? 뭐 이런 생각을 해보는 것이지.

일기를 써보는 것도 좋아. 자서전 쓰기와 비슷한데 글 속의 나를 보면 내가 나를 좀더 멀리서 바라볼 수 있거든.

불교에서는 정체성을 10단계로 구분해. 정체성이 있다, 없다가 아니라 점점 성숙해지는 단계라는 거야. 나의 정체성을 찾아 방황하는 것이 1단계야. 2단계는 탐색의 단계지. 이 글을 읽는 청소년이라면 이 정도 단계가 많겠지. 3단계는 자신은 이런 사람이구나, 나의 정체성을 조금 발견한 단계야. 그 후로도 정체성을 습득하고 단련하고 확립해야지. 자신의 정체성만 고집하지 않고 해탈하여 중생을 구제하는 단계까지 제시하고 있어. 스님들은 해탈이니 중생을 구제해야 한다느니 말씀을 하잖아. 그건 정체성의 거의 최종 단계라고 할 수 있지.

당장 내 모든 것을 바쳐 평화를 이루고 인류를 구원하지는 못하겠지만 정체성에 대해 있다, 없다로 생각하는 것이 아니라 정체성은 혼란, 탐색, 발견, 단련이라는 일련의 과정을 통해 발전한다고 생각하면 조금 마음이 편해질 거야. 다음 장에서는 정체성이 성숙해지는 과정에 대해서 조금 더 이야기할게.

시작이 반이라고 하잖아. 모두 파이팅!

# PART 5

# 내가 나를
# 안아주기

한없이 가벼운 정체성

지금 있는 그대로의
'나의 오습' 바라보기

'진짜 나'를 찾아가는 여행이란

나 안아주기

내가 나를 받아들인다

# 한없이 가벼운
# 정체성

'너는 누구니?'

우리는 지금까지 이 질문에 대한 답을 찾아 한참을 달려왔어. 그 답을 찾은 사람도 있고 아직 찾지 못한 사람도 있을 거야. 하지만 모든 일에는 시작이 있으면 끝이 있는 법, 어느새 우리 이야기를 마무리할 때구나. 아, 아쉽다! 그동안 얼굴도 모르지만 그래도 다양한 너희의 모습을 상상하면서 이야기하는 게 참 행복했는데. 너희도 나 또 보고 싶을 것 같지? 걱정하지 마! 무슨 말이냐고? 무슨 말인지는 나중에 알게 될 거야.

이 이야기의 끝은 '진짜 나'를 찾아가는 거야. 이것을 '성숙' 또는 '확립'이라고 해. 이렇게 이야기하니까 무척 어려운 것 같지만 알고 보면 사실 그렇게 어려운 건 아니야.

• • •

혹시 '참을 수 없는 존재의 가벼움'이란 말 들어봤어? 밀란 쿤데라의 책 제목이야. 또 철학자 라캉(Jacques Lacan)은 이렇게 말했어.

'참아야 하는 정체성의 가벼움'.

존재 혹은 정체성이라는 말은 꽤 묵직해 보이지 않아? 그런데 왜들 존재나 정체성이 가볍다고 할까? 그리고 그 가벼움을 왜 참을 수 없거나 참아야만 할까? 조금 유치한 질문을 해볼게.

'너는 짜장면이 좋아? 짬뽕이 좋아?'

뭐, 짬짜면이라고?

짜장면이냐 짬뽕이냐 그것이 문제로다. 이런 고민은 참 많이 할 거야. 이것도 좋아 보이고 저것도 좋아 보이고 그렇다고 둘 다 먹기는 좀 그렇고. 그래서 짬짜면이 나왔지만 그렇다고 짬짜면이 백 퍼센트 만족을 주는 것은 아니야.

우리가 정체성을 쉽게 찾지 못하는 큰 이유 중 하나는 인생은 한 번뿐인 선택이기 때문이야. 우리 인생은 한 번뿐이고 지나간 시간은 돌아오지 않아. 그런데 이런 삶도 저런 삶도 다 살아보고 싶잖아. 여러 번 살 수 있다면 정체성은 문제가 안 될 거야. 요즘 온라인 게임에서는 캐릭터를 골라서 하는 것이 많잖아. 원하는 캐릭터를 골라서 게임을 하고 그러다 질리면 다른 캐릭터를 고르지. 얼마든지 캐릭터를 바꿀 수 있다면 캐릭터를 고르는 행위는 심각한 문제일까, 아니면 가벼운 문제일까?

언제든지 바꿀 수 있다면 캐릭터라는 존재가 뭐 그리 무겁겠어.

진짜 삶에서는 어떨까? 모범생을 할까, 아니면 날라리를 할까? 인생을 여러 번 살 수 있다면 어떨까? 모범생도 날라리도 한 번씩 해보면서 살아보고 싶지 않을까? 결국은 인생이 한 번뿐이라는 것이 문제를 어렵게 하지. 되돌릴 수 없으니 우리는 늘 결정을 망설여. 어찌 보면 정체성도 결정의 문제일 수 있어. 정체성이 어려운 게 아니라 인생이 한 번뿐이라서 고르기 어려운 것일 수도 있지.

화가 피카소는 어려운 결정을 할 때면 동전을 던졌다고 해. 나의 직업으로 화가를 할까? 동전 앞면이 나오면 화가를 하고 아니면 다른 걸 하는 거야. 동전을 던져서 인생을 결정할래? 글쎄, 보통은 피카소처럼 하지는 않지. 한참을 망설이고 고민하다가 '우물쭈물하다가 내 이럴 줄 알았지' 뭐 이런 소리를 듣기도 하지만 말이야. 유명한 극작가의 묘비명에 이렇게 써 있대. 어쨌든 한 번뿐인 삶에서 어떤 선택을 할지 고민하는 것은 어찌 보면 당연한 거잖아.

'모범생' '날라리' '4차원' '개그맨' '운동부' '게임 마니아' '반항아' 등 교실 속에는 여러 가지 정체성이 있어. 인생에서 하나만 선택이 가능하다면 너는 어떤 것을 선택할래?

• • •

두 번째로 우리가 정체성을 쉽게 찾지 못하는 이유는 원래 정체성이란 것이 객관식 문제처럼 딱 떨어지는 것이 아니라 아리송하기 때문이야. 정해진 정답이 있으면 좋겠는데 '인생을 논하시오'와 같은 애매한 문제란 거야. 어? 방금 전만 해도 모범생, 날라리, 4차원 등등 정체성을 열거했잖아. 딱 떨어지는 것이 있는 게 아니냐고 할 수도 있지만 자세히 생각해봐.

모범생이라면 어디까지가 모범생일까? 100점을 맞으면 모범생일까? 말을 잘 들으면 모범생일까? 대략적인 이미지는 있지만 뭔가 확실하진 않지. 성 정체성을 이야기해볼까? 성은 남자 아니면 여자니까 쉬울 것 같지? 청소년기에는 남성성, 여성성이 중요해지지. 신체 변화도 급격하니까 관심도 많고 말이야. 그런데 '성'이라는 말도 생물학적 성과 사회적인 성이 있어. 생물학적 성은 남자 아니면 여자일 것 같지? 과연 그럴까? 태어날 때부터 남자와 여자의 신체 구조를 모두 가지고 태어나는 경우도 있어. 일반적으로 남자의 유전자는 XY, 여자의 유전자는 XX야. 그런데 XXY 유전자를 가진 사람이 있다면 어떨까?

사회적인 성은 그야말로 천차만별이지. '남성스러움' '여성스러움'은 정의하기도 어려워. 아기는 자기가 남자인지 여자인지 몰라. 아빠에게 엄마 옷을 입히면 여자가 된다고 생각하기도 해. 그러다 좀 크면 구분을 하고 청소년기가 되면 허세 가득한 남자인 척, 여자인 척을 하지. 쉰 살 즈음에는 호르몬 변화가 일어나. 남자는 여성 호르몬이 증가하고 여자는 반대야. 평생 무뚝뚝하던 아저씨가 드라마를 보며 눈물을 흘리고 조용하기만 하던 아줌마가 소리 높여 자기주장을 펼쳐. 동성애까지 논하지 않더라도 남성성, 여성성의 스펙트럼은 다양해.

• • •

세 번째로 우리가 정체성을 쉽게 찾지 못하는 이유는 가짜가 너무 많기 때문이야. 가짜 정체성을 사회에서 강요하기도 해. 모범생, 능력 있음, 친화적임, 도전적임, 선행, 친절함, 예의 바름 등 사회에서 우리에게 주입하려는 정체성이 있지. 가짜가 너무 많아! 대한민국에서 주입하는 가치와 북한에서 주입하는 가치가 다를 거야. 집집마다 부모님이 중요하게 여기는 것들이 달라. 그래서 우리는 알게 모르게 주변의 정체성을 물려받는 경우가 많아.

즉 내가 스스로 고민해서 정체성을 찾아가기보다 주변에서 주입하는 정체성을 받아들인다는 것이지. 주변에서 주입하는 정체성을 거부하면 불이익을 받기 쉬워. 애초에 내 생각은 아니지만 세상이 원하는 사람이 되라는 것이지. 그런데 엄밀히 말하면 그건 자신의 정체성이 아니잖아. 그래서 이런 것을 가짜 정체성이라고 표현하기도 해. 철학자 라캉은 정체성을 가법다고 표현했어. 가짜가 판을 치니까 말이야. 그렇다고 가짜

라고 하면 불이익을 받아. 불이익을 감수하고 가짜라고 말하면 어떻게 될까? 현실은 참는 사람이 대다수야.

쇼윈도 부부라는 말이 뭔지 알아? 겉으로 보기에는 아주 행복하게 살아가는 부부야. 그런데 막상 알고 보면 이미 남남처럼 지내는 것이지. 공식적으로는 행복한 부부, 비공식적으로는 남보다 못한 부부, 이를 쇼윈도 부부라고 해.

그 외에도 겉으로 보이는 모습과 실제 속사정이 다른 경우는 매우 많아. SNS 프로필 사진들은 너 나 할 것 없이 미남미녀이지만 현실은 아닌 경우가 많잖아. 학교에서도 이런 일은 비일비재해. 모범생인 척하는 아이, 날라리인 척하는 아이들 못 봤어? 모두 가짜 정체성인 것이지.

# 지금 있는 그대로의 '나의 모습' 바라보기

　사람들이 '진짜 나'가 아니라 '포장한 나' '센 척하는 나'와 같이 나를 자꾸 꾸미려는 것은 내 모습이 마음에 들지 않기 때문이야. 하지만 나의 장점을 알았다면 더욱 발전시키고, 단점은 더욱 노력해서 극복해야 하는 것은 당연하잖아. 나의 단점을 하나하나 극복해나가는 과정에서 상상할 수 없을 정도의 무한한 자신감이 생겨. 자신감은 '자기와의 싸움에서 얼마나 이겨봤나!'에서 나온다고 하잖아. 그러면 더욱 '강한 나' '멋진 나'가 되어 있을 거야.

　그런 사람들한테서는 좋은 에너지가 발산되어 다른 사람들한테도 전달이 돼. 이게 바로 '아우라' '후광 효과' 같은 것이지. 왜 연예인들 보면 후광이 비친다고 하잖아. 그때 말하는 후광이 맞을 수도 있고 아닐 수도 있어. 그러니까 연예인들한테서 나오는 '빛' '광'은 워낙 예쁘고 잘

생긴 사람들이라는 뜻으로 하는 경우가 많고, 여기서 말하는 후광은 좀 다른 거야.

아, 그래, 천재 물리학자 스티븐 호킹 박사 알지? 그는 근육이 마비되는 루게릭병으로 시한부 선고까지 받았지만 신체의 한계를 뛰어넘어 지구와 인류를 위한 위대한 업적을 많이 쌓았잖아. 아마 이런 분들을 실제로 만난다면 분명 '강한 빛', 바로 '후광'을 느낄 거야. 우리가 위인전에서 많이 보는 주인공들, 불굴의 의지로 자신의 목표를 이뤄내는 사람들 또한 실제로 만난다면 마찬가지일 것이고. 그래서 단순히 겉으로 보이는 외모뿐만 아니라 내면의 '진짜 자기'를 간직하고 있는 사람들이 '아름답다'라는 것도 그 때문이야.

. . .

그 내면의 '진짜 나'를 간직하려면 당연히 '거짓된 나'를 버려야겠지? 그런데 아무리 위대하고 훌륭한 사람도 자기 안에 '진짜 나'만 가지고 있는 건 아니야. 어떤 면에서는 '진짜 나'를 가지고 있지만, 다른 면에서는 '가짜 나'의 모습을 가지고 있기도 해. 다만, 많은 사람들의 존경을 받는 훌륭한 사람일수록 '가짜 나'의 모습을 버리고 '진짜 나'의 모습을 더욱 많이 쌓으려고 노력할 뿐이지. 그 '진짜 나'와 '가짜 나'는 우리가 흔히 말하는 종이 한 장 차이일 수도 있어. 내가 어떻게 마음을 먹느냐에 따라 얼마든지 달라질 수 있거든.

혹시 '거울 효과(mirror effect)'라고 들어봤니? 상대방이란 거울로 나를 비추게 되면 남을 의식해 자기를 포장하게 되는 현상을 말해. 이런 거울 효과와 관련한 흥미로운 실험을 했어. 핼러윈 축제기간에 363명의 아이들은 실험에 참여한다는 사실을 모른 채 미리 정해진 18곳의 집에 사탕을 받으러 가. 아이가 집에 도착하면 사탕 바구니에서 사탕 한 개만 집어가도록 지시한 뒤 숨어서 아이가 사탕을 몇 개 가져가는지 관찰

했어. 여기서 특이한 점은 옆에 거울이 있는 경우와 거울이 없는 경우를 나누어서 실험을 진행했던 점이야. 그 결과는 어떻게 나왔을까? 거울이 없는 경우 사탕을 한 개보다 더 많이 가져간 아이의 비율은 28.5퍼센트였던 반면에 거울이 있는 경우에는 14.4퍼센트에 지나지 않았어.

아이들이 거울 앞에서 순간의 선택으로 사탕을 집는 것과 같아. 그렇다면 우리의 숙제는 '가짜 나'를 벗어던지고 '진짜 나'를 발견하는 것이겠지? 진짜 나의 모습 속에는 내가 환영하는 모습만 있지는 않을 거야. 보기 싫고 버리고 싶은 나의 모습도 많이 있을 거야. 내가 환영하는 나이든 보기 싫고 버리고 싶은 나이든, 처음에는 '지금의 나'를 똑바로 바라보는 게 '진짜 나'를 찾는 첫걸음이야.

# '진짜 나'를 찾아가는 여행이란

　그렇다면 '진짜 나'를 찾아간다는 건 무엇일까? 결국 정체성을 완성한다는 것은 우리의 삶 자체라고 할 수 있지. 그 삶은 어제보다 나은 나, 즉 성숙해가는 삶일 거야. 그래서 정체성을 찾는다는 것은 조금씩 성숙해가는 과정이라고 말할 수 있어. 성숙이란 어린아이에서 어른이 되어가는 거야.

　중·고등학생들이 담배를 피우면 안 되지만 몰래 피우는 친구들이 있어. 그런데 재미있는 것은 그 친구들이 피우는 담배의 종류야. 친구들은 어떤 담배를 피울까? 순한 담배와 독한 담배가 있으면 아이들은 어떤 담배를 피울까? 답은 독한 담배야. 왜 그럴까? 자신의 강함을 과시하려는 것은 아닐까? 이제 나는 어린아이가 아님을 증명하려는 것이지. 사실 이런 식으로 성숙을 증명하려는 것은 아주 많아. 일명 성인식이 그런 것이지.

발리 섬에는 '마따따하'라 불리는 성인이 된 것을 기념하는 성년식이 있다고 해. 소년들의 뾰족한 송곳니를 앞니처럼 가지런하게 만들기 위해 작은 망치로 치고 줄로 갈아내는 의식이야. 만약 송곳니를 자르지 않으면 자기 몸에 항상 악마의 신을 지니고 있다고 생각하여 남들이 가까이 접근하지 않는다고 해. 이 성년식을 평생에 한 번은 꼭 해야 하기 때문에 어린 시절에 하지 못했다면 죽어서라도 꼭 치른대. 또 판타코스트 섬에서는 성인이 되는 자격 요건으로 체력과 담력을 최우선으로 생각해서 일정한 나이가 되면 발목에 포도넝쿨이나 칡뿌리 등을 감고 3미터 높이의 탑에서 뛰어내리게 했어. 성년식을 통해 육체적, 정신적으로 성인이 될 준비를 시키는 것이지.

담배도 그런 것 아닐까? 아이들은 센 척을 통해 자기들만의 성인식을 치르는 걸 거야.

· · ·

칡뿌리를 감고 높은 곳에서 뛰어내리거나 독한 담배를 멋있게 피우는 것보다는 보다 안전한 방법의 성숙을 이야기해야겠지. 잠시 모차르트 (Wolfgang Amadeus Mozart)에 대해 이야기해볼게.

오스트리아의 천재 작곡가 모차르트는 어린 시절부터 아버지와 함께 여행을 다니며 훌륭한 연주를 선보였고 각 나라의 귀족이나 왕족들로부터 '음악 천재'로 불렸어. 일찌감치 성공을 맛본 모차르트는 모든 실수와 실패를 다른 사람의 탓으로 돌렸어. 자신의 잘못을 솔직하게 인정하지 못하고 자만심으로 똘똘 뭉쳤던 것이지. 그뿐만이 아니야. 자신과 수준이 맞는다고 생각되는 사람들하고만 어울렸고, 자신보다 낮은 위치에 있는 사람들은 무시했어.

또한 모차르트는 모든 것을 남들보다 빠르게 이해하고 익히는 뛰어난 능력이 있었지만 게으르고 방탕한 생활을 이어갔어. 하지만 시간이 지나고 모차르트는 자신의 약점과 마주하게 되었어. 그리고 이를 인정함으로써 보다 성장할 수 있는 계기를 마련했지. 1778년 아버지에게 보낸 편지에서 그의 이러한 모습을 엿볼 수 있어.

어제는 세상이 아름다웠는데 오늘은 미움으로 얼룩져 있습니다. 제 안의 그림자는 스스로를 날카롭게 찌르면서도 깨어 있게 합니다. 빛과 어둠은 그 경계가 없는지도 모릅니다.

모차르트의 어디로 튈지 모르는 독특한 성격이 〈피가로의 결혼〉 같은 파격적인 음악을 낳을 수 있었다면, 자기 안의 모순을 직시하고 반성할 수 있는 인간미를 지녔기에 시공을 초월해 지금도 우리의 가슴을 울리는 사랑스러운 음악을 만들 수 있었을 거야.

우리는 위험한 상황을 만나면 본능적으로 자신을 지키려고 해. 가령 누군가 자신에게 펀치를 날렸을 때 그저 지켜만 보고 있지 않지. 누구는 잽싸게 넙죽 엎드려 몸을 피하고 또 누구는 두 팔을 들어 얼굴을 가리는 등 방어 자세를 취해. 위협적인 주먹에 다치고 싶지 않기 때문이지. 상처받지 않으려는 우리의 마음도 마찬가지야.

상처를 주는 대상으로부터 고통을 받지 않으려고 다양한 방어 전략을 드러내지. 남들 잘못으로 돌리거나 자신보다 약한 사람에게 화풀이하거나 약점을 감추기 위해 자신을 포장해. 그 순간은 방탄조끼를 입은 것처럼 마음이 누그러지는 것 같아. 하지만 언제까지 상처받게 되는 상황을 피할 수는 없어. 그저 도망칠 구멍만 찾기보다 당당한 자신의 출구를 찾는 것이 필요해. 부족한 모습을 인정하고 진실한 모습으로 자기 내면과 타인을 마주할 수 있어야 하지. 자신의 어떤 모습도 포용할 줄 아는 꾸밈없는 나 자신이 될 때 보다 성숙해질 수 있어.

· · ·

모차르트가 마음에 들지 않는 자신의 모습을 좋은 방향으로 극복한 경우라면, 살리에리(Antonio Salieri)는 그 반대의 경우였어. 모차르트 이야기를 할 때면 살리에리 이야기가 항상 따라나오는 것도 이 때문일 거야.

살리에리는 이탈리아 레가노 출신의 음악가이자 궁정 작곡가로서 당시 사람들의 찬사를 받으며 음악적 재능을 선보였어. 그랬던 그에게 당대 최고의 음악가 모차르트는 라이벌이자 눈엣가시와 같은 존재였지. 살리에리는 모차르트에 비해 자신이 평범한 음악가 정도밖에 안 된다

는 열등감으로 절망스러웠어. 모차르트의 재능에 가려진 살리에리의 존재감은 날이 갈수록 위협을 받았어. 그는 늘 불안에 떨 수밖에 없었지. 소문에 따르면 결국 살리에리는 모차르트에 대한 질투심을 이기지 못하고 그를 독살하고 말았다고 해. 모차르트의 열렬한 후원자였는데도 말이야.

이른바 살리에리 증후군은 이러한 살리에리의 모습을 반영하고 있어. 주위의 뛰어난 인물 때문에 느끼는 열등감, 시기, 질투심 등을 품고 있는 것으로서 흔히 2인자 증후군으로 불리지.

우리는 모두 열등감을 안고 살아. 쟤는 나보다 키 크고 공부도 잘하고 잘생겼는데 난 뭘까? 잘난 남들에 비해 부족한 자신의 모습이 부끄러웠던 적 있니? 그럴 때 쥐구멍이라도 들어가고 싶은 심정이었지? 사람들에게는 저마다 숨기고 싶은 못난 모습이 있어. 남들 앞에서 까발려질까 두려운 그런 외면하고 싶은 모습이지. 감추면 감출수록 어느 순간 자신은 열등감의 깊은 수렁에 빠져버려. 그렇게 열등감이 차곡차곡 쌓이다보면 자신보다 나은 상대를 깎아내리거나 자신을 능력자로 포장하는 등 뜻하지 않은 방향으로 흐르게 돼. 마치 살리에리처럼 열등감, 시기, 질투심 등으로 똘똘 뭉친 못난 자신이 되지. 결국 그 모습은 양날의 검이 되어 인간관계도 삶의 의미도 무너뜨릴 수 있어.

이제 더 이상 살리에리 증후군에 갇혀 자신을 포기해선 안 돼. 있는 그대로의 자신에게 힘을 실어주어야 잘난 모습도 못난 모습도 자신의 매력으로 거듭날 수 있어. 부르는 게 값이라는 말이 있듯이, 자신의 그 어떤 모습도 얼마의 가치를 부여하느냐에 따라 달라져. 빼어난 부분도 미흡한 부분도 가치를 두고 포용할 수 있는 넓은 어깨를 가진 사람이 될 때 보다 성숙한 사람이 될 수 있어.

우리의 모순된 자아들이 충돌하고 정체성에 혼란이 오는 상황에 대해 심리학자 융(Carl Gustav Jung)은 이렇게 말했어.

"인간에게는 자신의 숨기고 싶은 면과 잘난 면이 있는데, 나이를 먹으면 이것들을 융합할 수 있어야 한다."

선도 악도 넘어서서 그것을 모두 포용할 줄 알아야 한다는 것이지. 그 융합에 성공해야 '성숙한 인간'이 될 수 있어.

. . .

정체성의 완성 과정, 또는 성숙에 이르는 과정을 나이에 따라 표현한 글이 있어.

공자의 말씀이 담긴 책인 《논어》에서 가장 유명한 구절 중 하나야. 공자의 이 말씀을 따라가다보면 '나를 찾는다는 것'이 무엇인지 조금은 더 알 수 있을 거야. 우리 같이 한번 볼까?

子曰 吾十有五而志于學 三十而立 四十而不惑 五十而知天命 六十而耳順 七十而從心所欲 不踰矩(자왈 오십유오이지우학 삼십이립 사십이불혹 오십이지천명 육십이이순 칠십이종심소욕 불유구)

'열다섯 살에 학문에 뜻을 두다'

공자의 이 말씀은 '나를 찾기 위한 첫 여행길', 다시 말해 정체성을 확립하기 위한 길에 들어섰다는 의미야. 열다섯 살에 난 무엇을 해야지! 이렇게 결심한 친구들이 교실에서 1/3 정도는 되지 않을까?

'서른 살에 홀로 서다'

홀로 선다는 것은 부모님 도움을 안 받는다? 직장을 잡고 스스로 돈을 번다? 단지 그 정도를 말하는 건 아닐 거야. 어떤 인생의 방향과 가치를 세웠다는 뜻이겠지. 우리도 아까 '꿈의 방향을 세우라'는 이야기를 했지?

'마흔 살에 흔들림이 없다'

흔들린다는 것은 무엇이 흔들린다는 말일까? 서른 살에 세웠던 자신의 정체성이겠지. 열다섯 살에 학문이 자신의 인생의 방향임을 정하고 서른 살에 인생의 방향과 가치를 세운 뒤 부단한 노력 끝에 이제 마흔이 되어 흔들림이 없어. 공자는 마흔 살 무렵 흔들림 없는 정체성을 확립했다고 말할 수 있지 않을까?

'쉰 살에 하늘의 뜻을 알다'

하늘의 뜻이라는 것은 '나' 개인의 뜻이 아니라는 것이겠지? 열다섯 살에 뜻을 두고 마흔 살에 흔들림이 없었는데 다시 10년이 지났어. 그러면 공자는 여러 사람에게 영향을 끼칠 수 있는 자리에 있을 거야. 어떤 집단에서 열심히 일하는 쉰 살이라면 나름대로 영향력 있는 지위에 있을 가능성이 높지. 회사라면 부장급 이상일 거야. 공자는 더욱 영향력이 있었겠지. 그리고 쉰 살부터는 개인의 뜻이 아닌 보편적인 기준을 생각한다는 거야. 나의 판단이 아닌 하늘의 판단, 즉 보편적인 판단을 한다는 것이지. 또한 하늘의 뜻은 사명이라고도 해석할 수 있어. 공자는 쉰 살부터 본격적으로 정치에 뛰어들고 제자를 키웠어. 마흔 살에 흔들림 없는 자신의 뚜렷한 가치관을 가졌어. 그리고 쉰 살에 하늘의 뜻을 정치와 교육에 매진했다면 공자는 그것이 자신이 해야 할 사명이라고 느꼈을 거야.

'예순 살에 귀가 순해지다'

이것은 누가 욕을 해도 흘려 넘긴다는 의미는 아닐 거야. 공자가 정치와 교육에 매진한 지도 10년이 지났어. 정치와 교육에 종사하다보면, 즉 현실과 접하다보면 다양한 사람들을 만나게 되고 그들로부터 자신에 대한 평가나 여론을 듣게 될 거야. 처음에는 그러한 것에 예민하게 반응할 수밖에 없겠지. 그러나 10년 정도 지나니까 그런 것에 익숙해지고 일희일비하지 않는 경지에 도달하지 않았을까?

'일흔 살에 마음 가는 대로 해도 법도에 거스름이 없다'

공자는 자신의 사명에 최선을 다했고 노년에 실질적인 정치와 교육

에서 벗어났지. 공자가 '종심소욕 불유구'를 이야기했을 때 그것은 인격수양의 마지막 단계로 제시했다기보다는 열심히 평생을 살다 간 사람의 마지막 여유를 보여준 것이라고 생각해. 여유라. 그래서 공부를 많이 한 대학자나 수행을 많이 한 성직자의 얼굴에서 편안함이 느껴지는 것일까? 모든 혼란을 겪고 중심을 찾는 '나'의 모습도 어느 정도 상상이 가지 않아?

# 나
## 안아주기

성숙이나 공자에 대한 이야기가 너무 먼 나라의 이야기처럼 들린다고? 그래서 준비했어. 이 책의 도입부에 혼란을 겪는 친구들의 이야기가 나왔잖아. 학교에서 왕따를 당하거나 부모님이 이혼하거나 무기력하게 일상을 산 사례 말이야. 이런 친구들은 어떻게 혼란을 극복하고 중심을 찾을 수 있을까?

### 왕따, 소외된 나 안아주기

한 아이가 있었어. 반 아이들은 그를 '찐따'라고 부르며 따돌렸지. 아이들은 그의 필통에 징그러운 벌레를 집어넣거나 그의 어깨를 세게 밀치기도 했어. 선생님에게 말씀드려도 소용이 없었어. 언제 어디서나 외톨이였던 그 아이는 결국 학교에 가지 않았어. 부모님은 학교에 가지 않는다는 사실에만 노발대발했고 아이는 누구에게도 기댈 수 없었지. 따돌림을 당한다는 것을 이야기해도 해결해주는 사람이 없었어.

아이는 교실에 들어갈 때면 문 앞에서 심호흡을 해. 그러고는 마음의 준비를 하고 교실에 들어가. 아이들은 왁자지껄 떠들다가도 그 아이를 보고 찬물을 끼얹듯 조용해져.

아이는 생각해. '왜 나를 싫어할까? 나에게 문제가 있는 것은 아닐까? 어떻게 해야 다른 아이들이 나를 좋아해줄까?' 그렇게 한참을 생각해도 답이 안 나와. 결국 아이는 이렇게 생각하지. 나도 내가 싫어진다고 말이야.

20년이 흘렀어.

아이는 어른이 되었지. 직장도 잡고 결혼도 하고 여느 어른들과 다름없이 지냈어. 약간 특이한 것은 어른이 되어서 자신이 어렸을 때 당했던 따돌림에 대해 이야기하고 다녔다는 것 정도야.

"저는 어렸을 때 따돌림을 당했어요. 예전에 어떤 일이 있었느냐면요……."

처음 만나는 사람에게도 이런 이야기를 하곤 했어. 그런데 처음 만나는 사람이 상대의 어릴 적 따돌림 이야기를 듣는 것은 조금 어색한 일이지.

왜 만나는 사람들에게 자신의 어릴 적 이야기를 했을까? 심리학을 잘 아는 한 선생님은 그 어른을 보며 이렇게 말했어.

"그 아이가 보내는 신호 같군요."

"아이? 신호? 선생님 그게 무슨 말이에요?"

"처음 보는 사람에게조차 과거에 자신이 따돌림을 받았던 사실을 이야기하고 다니는 것이 제 눈에는 신호로 보입니다. 어릴 적 따돌림을 받던 아이가 보내는 신호죠. 난 여기 있어, 지금도 괴로워, 그러니 이제 나를 위로하고 치유해달라는 신호 말이죠."

저 멀리 한 아이가 있어. 외모도, 운동도, 공부도 별로야. 성격은 까칠해서 친구도 없어. 심지어 따돌림까지 당해서 마음이 온통 상처투성이야. 그런데 다가가서 보니 어린 시절의 나였어.

어린 시절의 나를 보니 갑자기 화가 나. 야, 이렇게 주저앉아 있으면

돼? 다른 애들이 너를 따돌리면 너도 머리끄덩이라도 잡고 싸워야지! 네가 그렇게 반응하지 않으니까 애들이 만만히 보고 그러는 거 아냐. 신체 조건이 힘들면 공부라도 해. 1등 하면 무시당하지 않을 거 아냐.

아무리 화를 내도 어린 시절의 나는 도통 일어날 생각을 안 해. 그저 늘 받는 구박을 또 받는 듯이 웅크리고 있을 뿐이야. 아이에게 다가갔어.

따끔. 자세히 보니 아이의 몸에는 온통 가시가 돋아 있었어. 다른 사람이 다가올 수 없게 온몸에 가시가 나 있었던 것이지. 가까이 다가가면 가시에 찔려. 스스로를 보호하기 위해 가시가 생겼지만 이제는 그 가시 때문에 다른 사람이 다가갈 수 없어. 가시 속에 숨어서 웅크리고 있는 모습이 불쌍해 보여.

한 걸음 다가갔어. 푹. 가시에 찔렸어.

또 한 걸음 다가갔어. 그리고 가시 돋친 선인장을 껴안듯이 어린 시절의 나를 안아줬지.

그 심리학을 잘 아는 선생님이 이런 말을 했어.

"불쌍하잖아요. 어린 시절 따돌림을 받았고 고통스러웠는데 이제 어른이 되어 잊혀진다면 어린 시절 그 아이는 한 번도 위로를 받지 못하는 것이잖아요. 그러니 불쌍하죠. 그래서 다른 사람은 다 잊어도 본인은 못 잊는 겁니다. '나'마저 잊어버리면 너무 불쌍하니까요. 기억하며 위로해줄 수 있는 사람은 이제 본인만 남았습니다. 기억도 못하는 남들이 제대로 위로해줄 수 없습니다. 내가 나를 위로해주어야 합니다. 어린 시절 그 아이를 위해 충분히 울어준다면 아마도 그 아이가 떠날 수 있을 거예요."

## 부모님의 이혼, 버림받은 나 안아주기

한 아이가 있었어. 공부를 아주 잘하지는 않았지만 손재주가 뛰어났어. 학교에 로봇 조립반이 있었는데 아이는 그 반에 들어갔어. 복잡한 조립과 전기 회로도 척척 다루었어. 그런데 안타깝게도 아이는 부모님과 함께 살지 않았어. 아빠와 떨어져 엄마와만 지내고 있었어. 그래도 아이는 씩씩하게 학교생활을 했지.

그런데 어느 날 아빠가 학교에 찾아온 거야. 아빠는 담임 선생님에게 아들을 데리고 어딜 가야 하니 조퇴를 시켜달라고 말했어. 담임 선생님은 아이가 엄마와 사는 것을 알고 있었고 그래서 엄마에게 전화를 했어. 아빠가 찾아왔는데 아이를 보내도 되느냐고 말이야. 엄마는 고민 끝에 아이를 보내라고 했어. 그래서 선생님은 아이에게 아빠가 왔으니 가보라고 했지. 그랬더니 아이가 불안한 목소리로 물었어.

"선생님, 엄마가 저보고 아빠를 따라서 가라고 해요?"

선생님은 뭔가 이 순간이 결정적인 순간 같았지만 엄마가 가라고 한 것이 맞으니 그렇다고 말했어.

"어…… 그래."

마치 사형선고를 받은 듯이 아이의 눈동자는 흔들렸고 이내 힘없이 아빠를 따라갔어. 그 후로도 아이는 빠지지 않고 학교를 다녔어. 단지 이제는 더 이상 로봇 조립을 하지 않고 반쯤 풀린 눈빛으로 무기력하게 있을 뿐이었어.

서로 남이었던 남자와 여자는 사랑을 하고 결혼을 하고 아이를 갖게 돼. 어느덧 아이가 태어나고 남자와 여자는 부모가 되지. 아이는 세상에 나와 처음으로 그런 아빠와 엄마를 만나. 그들은 아이가 가장 의지하고 기댈 수 있는 존재이지. 아이는 수많은 말들 중에 '아빠' '엄마'를 먼저 배우게 돼. 아빠와 엄마는 아이에게 세상의 전부야. 그런데 아이와 부모는 마냥 행복하기만 할까? 부모가 되는 것이 서투른 아빠와 엄마는 서로에게 상처를 주기도 하고 아이는 '희생양'이 되기도 해. 결국 '이혼'이란 비극적인 결말을 맞이할 수도 있지.

요즘 세상에 이혼이 무슨 큰 문제냐고 할 수 있어. 하루에도 수백 쌍의 커플이 이혼하는데 요란 떤다고 눈총 받을 수 있지. 세상에서 가장 힘든 일은 나에게 닥친 일이라고 하잖아.

그런데 부모의 이혼을 막을 방법이 없어. 내가 잘하면 된다고? 그런 생각 자체가 이미 아이로 하여금 자신이 잘하지 못해서 부모가 이혼했다는 죄책감을 갖게 해. 부모가 이혼하면 자녀가 그것을 받아들이는 데 3년이 걸린다고 해. 부정하고 슬퍼하고 자책하고 미워하다가 그만 받아들이는 데 그 정도의 시간이 필요하다는 말이지.

그런데 이 책에서 정체성을 찾기 위해 먼저 무엇을 하라고 했는지 기억나?

'혼란스러워하라!'

그래, 마음껏 혼란스러워해야 해. 부모님에게 화를 내도 되고, 꼭 그런 선택을 한 이유를 물어도 되며, 나에게 왜 상처를 주느냐고 따져도 돼. 펑펑 울어도 돼. 이렇게 충분히 혼란스러운 과정을 거쳐야 받아들일 수 있어.

부모가 이혼을 했어도 혼란스러운 상황이 있어도 그 모든 모습이 결국 '나'잖아. 좋은 삶의 모습이어도, 싫어 보이는 삶의 모습이어도 모두 '나'의 삶이지. 부모가 이혼을 했어도 받아들여야 해. 그리고 나는 내 삶을 살아가지. 청소년에게는 더욱 쉽지 않은 일이겠지만 부모가 이혼을 했어도 우리는 우리의 삶을 살아가야 해.

심리학자 마샤라면 이렇게 묻겠지.

'부모의 이혼에 대해 충분히 혼란스러워하고 서로 이야기하고 고민해 봤니?'

그럼 이제 네 삶을 열심히 살 거야?


## 무기력한 나 안아주기

담임 선생님이 들려준 이야기인데, 2015년 어느 호텔에 교육청 공무원, 대학 교수, 연구소 연구원, 중·고등학교 선생님 등 전국의 교육 관련 사람들 수백 명이 모였대. 많은 사람들이 머리를 맞대고 대한민국 교육의 가장 어려운 문제를 풀기 위해서였지. 2015년 대한민국 교육에서 가장 어려운 문제는 이것이었어.

'수업 시간에 자는 애들을 깨우려면 어떻게 해야 할까?'

애들아, 우리 엄청 찔리지 않니? 학교마다 다르긴 하지만 학교에서 자는 아이들이 엄청 많아. 선생님들이 수업을 하기 힘들 정도로. 슬럼 이라는 말이 못살고 더러운 동네라는 뜻인데 인문계 고등학교를 향해 인문계 슬럼화라는 표현까지도 나왔대. 학생들의 무기력은 이제 국가 가 걱정할 정도의 문제가 되었다는 말이지.

한 아이가 있어. 만사가 귀찮은 듯 책상에 엎드려 잠을 자기 일쑤야. 수업 시간에 선생님이 나무라도 그때뿐이야. 친구들이 깨워도 소용없 어. 심지어 가끔은 점심시간에 밥도 안 먹고 덩그러니 교실에서 자고 있을 때도 있어. 그 아이에게는 하고 싶은 것도 없고 모든 것이 무의미 한 것 같아. 어떨 땐 힘없이 축 늘어진 모습이 영혼 없는 좀비 같아.

자신은 무기력하니까 쭉 이렇게 살 거라고 말하는 아이들이 있어. 자 신의 인생을 그렇게 인정해버리는 것이지. 그런데 잘 살펴보면 마음 한 구석이 조금 아파. 하는 일 없이 어떤 것에도 관심 없이 살아가기는 힘 들거든. 그것도 10대가.

무기력한 10대는 많아도 무기력한 자신의 모습에 만족하는 10대는 없어. 사실 아주 어린 아이들은 에너지가 넘쳐서 걱정이야. 유치원 아 이들을 봐. 안방에서 건넌방까지 한달음에 뛰어가. 어떤 학자가 어린아 이를 이해하기 위해 그 행동을 따라했다가 하루도 못 가서 포기했다고 해. 왜냐하면 유치원을 다닐 무렵의 아이들은 끊임없이 뛰거든. 레슬링 선수도 따라잡기 힘들 정도로 말이야.

그랬던 아이들이 중·고등학생이 되면 무기력해지지. 물론 아이들 탓

만은 아니야. 학교에서는 공부로 줄을 세우고, "안 돼! 하지 마! 가만히 있어!" 이런 말 많이 하지. "해봐~ 열심히 해"와 "하지 마. 하면 안 돼!"라는 말을 들었을 때 금지하는 말이 몇 배는 더 강력하게 머릿속에 입력된다고 해. 격려보다 훨씬 강력한 것이 금지의 말, 즉 금지령이라는 거야. 그리고 의미 있는 사람, 예를 들어 부모가 '너 때문에, 괜히 낳았어, 나가라' 등의 말을 하면 금지령 중에서도 가장 상위의 금지령인 '존재하지 마라!'로 뇌리에 남는다고 해. 어쩌면 무기력한 아이들의 머

릿속에는 존재하지 말라는 명령어가 입력되어 있을지도 몰라.

우리는 잘나고 싶고, 앞서고 싶고, 멋지고 예쁘고 싶고, 주도하고 인정받고 싶어. 어른들은 말하지. 뒤처졌어도 열심히 공부해서 따라잡으라고 말이야. 그런데 뒤따라가는 것은 사실 자존심 상하잖아. 이제 와서 공부해도 따라잡지 못하고 어설프게 따라가는 것보다는 그냥 자니까 성적이 안 나오는 것이 더 폼 나잖아.

그런데 사회 탓, 부모 탓 해봤자 아무 소용 없지. 자존심 상해서 날라리 역할을 자처한다면 그것 또한 나의 삶이 되는 것이지. 사회 탓을 하든지 자존심에 잠이나 자버리든지 결국 다른 사람에 흔들렸을 뿐이야. 모든 출발점은 나로부터야. 사회와 부모로부터 거절받았던 상황들, 허세 부렸던 상황들, 다 포기하고 자버리던 일들. 물론 나의 과거를 다 버리라는 것은 아니야. 아무리 버리고 싶어도 '나'만은 기억하기 때문에 버릴 수도 없어.

생각하고 받아들여야지. 내 삶을 받아들여야지. 생각해봐.

'나는 나의 삶에 대해 진지하게 고민해봤을까?'

'이제 나를 위해 열심히 살아갈 준비가 되었을까?'

내가 나를
받아들인다

한 생명이 태어나는 것은 그리 간단하지 않아. 예를 들어 달걀은 습도와 온도가 맞지 않으면 썩어버려. 그래서 어미 닭은 37.5도를 유지하기 위해 온종일 알을 굴려가며 품지. 제대로 밥도 못 먹고 알을 돌보며 긴 시간을 인내하는 거야. 그렇게 어느 정도 조건이 맞아떨어지면 비로소 새로운 생명이 탄생해. '성숙'이란 것도 그런 것 같아. 그냥 시간을 보내면 자연히 해결되는 것이 아니라 성숙해지기 위해서는 특별한 노력이 필요하지.

몸이 다 성장했다고 해서 모두 성숙한 어른이 되는 건 아니야. 어떤 과정과 노력을 거쳤는지에 달린 문제지. 어른이 되어도 마냥 '철부지'일 수 있고, 아직 어려도 '조숙한 아이'일 수 있어. 이런 성숙의 과정은 일생 동안 누구나 한 번 이상 거쳐야 할 숙명과도 같아. 세계 곳곳의 위험한 성인식이 이를 말하지. 그만큼 '성숙'의 과정을 중요하게 보았어.

· · ·

그럼 성숙을 위해 필요한 건 무엇일까? 독일 수학자의 이름을 딴 '뫼비우스의 띠' 이야기를 해볼게. 뫼비우스의 띠는 테이프 모양의 종이 띠를 연결하고 중간에 한 번 비틀어 종이 띠의 한쪽 끝을 다른 쪽 끝에 붙여 만든 띠야. 종이 밴드 중간에 한 번의 비틀기가 있다고 보면 될 거야. 이런 뫼비우스의 띠가 흥미로운 것은 한쪽 면에 색을 칠해가다보면 어느 순간 띠의 안과 밖, 양쪽 면 모두에 색이 칠해지게 돼. 또한 뫼비우스의 띠를 따라 가위로 자르면 길이가 두 배로 늘어난 하나의 띠가 되기도 해.

뫼비우스의 띠처럼 사람들에게는 이중적인 모습이 있어. 하나는 숨기고 싶은 못난 모습, 다른 하나는 드러내고 싶은 잘난 모습이지. 이런 두 모습은 서로 충돌을 빚고 자신을 분열시키게 돼. 균형이 깨진 양면성은 자신과 남을 속이는 결과를 낳지. 잘난 모습을 과장하고 못난 모습을 거짓으로 포장하면서 더 이상 신뢰받을 수 없어. 그래서 앞면과 뒷면이 하나로 연결된 뫼비우스의 띠처럼 자신의 서로 다른 모습을 받아들이고 통합해야 해. 잘난 모습도 못난 모습도 다 내 모습이잖아. 어느 것 하나 소중하지 않은 것은 없어. 소외된 나도 버림받은 나도 혼란스러운 나도 미움받은 나도 흔들리는 나도 소중한 내 모습인 거야.

　사람은 저마다 다 다르게 생겼어. 키가 크거나 작고, 피부색이 검거나 희고, 남자이거나 여자이고, 노래를 잘하거나 못하고, 느긋한 성격이거나 강박증을 가진 성격이고……. 이렇게 보면 세상에 다르지 않은 사람이 없어. 그 다름은 남들이 부러워하는 것일 수도 있고, 남들보다 못하다고 생각하는 것일 수도 있어.

　그건 다른 사람들도 마찬가지야. 그들도 남들이 부러워하는 면이 있다면 못하다고 생각하는 면도 있기 마련이야. 그러니까 남들에게 나의 좋은 모습만 보여주겠다는 생각, 좋은 소리만 듣겠다는 생각을 버리렴! 우리가 살다보면 예쁨을 받을 때도 있지만 미움을 받을 때도 있어. 미움보다 사랑을 받는다면 좋겠지만, 무조건 사랑받고 관심받아야 한다고 생각하고 살면 자칫 '관종'이 될 수도 있어. 관종이 뭔지는 알지? 너희가 요즘 SNS에서 많이 하는 말이니까.

・ ・ ・

이렇게 잘난 나도 못난 나도 안아주고 책임 있는 삶을 살아야 해. 성숙의 다른 말은 바로 '책임'이기 때문이지. 결국 정체성을 확립한다는 것은 '너 자신이 성숙하라'라는 신호이고 '책임지는 사람이 되라'라는 요구인 거야. 그리고 그런 사람이 되려면 '어제까지의 나'를 과감히 버릴 수 있어야 해. 그래야 오늘의 '새로운 나'가 태어날 수 있어.

한 나그네가 지구 어딘가에 평화롭고 아늑한 땅이 있다는 소문을 듣고 긴 여행을 떠났어. 하루는 크고 넓은 강에 이르게 되었지. 강 너머로 눈을 사로잡는 아름다운 동산이 펼쳐져 있었어. 나그네는 물 만난 물고기처럼 콧노래를 부르며 강을 건널 궁리를 했어. 그는 주위를 두리번거렸지만 나룻배를 발견할 수 없었지. 하는 수 없이 갈대와 나무를 꺾어서 뗏목을 만들었어. 그렇게 공들여 만든 뗏목을 타고 유유히 강을 건너 무사히 그 동산에 올랐어. 그런데 그의 눈에 밟히는 것이 하나 있었어. 바로 타고 왔던 뗏목이었지. 뗏목을 버려두고 가기가 계속 마음에 걸렸던 거야.

'이 뗏목이 아니었다면 강을 건널 수 없었을 거야. 그것이 내게 커다

란 은혜를 베풀어주었으니 그냥 두고 갈 수 없지. 사람의 도리를 지켜
야 하는 법이야.'

나그네는 무겁고 커다란 뗏목을 가져가기로 마음먹었어. 그는 그것을
어깨에 메고 끙끙대며 걸어갔지. 사람들은 그의 모습을 보고 웃음을 터
뜨렸어.

이 나그네처럼 우리도 좋은 것이든 나쁜 것이든 내가 가진 걸 놓으려
하지 않으니까 웃음거리가 되고 앞으로 더 나아가지 못하는 거야. 어제

까지의 나, 어제까지 내가 가지고 있었던 것들을 과감히 버리지 않으면 성숙한 오늘의 나도 없어.

정체성의 출발이 나를 찾아 떠나는 혼란이었다면, 정체성의 확립은 성숙과 책임을 다하는 거라는 거 이해했지?

'참 많이 어른스러워졌네!'

'짜식, 철들었구나!'

주위 사람들에게 이런 말을 듣기 시작하면 으쓱해지지. 그동안 외면했던 모습들을 끌어안으니 나는 참 멋있는 사람이라고 생각해. 이제 난 비로소 인생이란 무대에 주인공이 된 것 같아. 'Carpe diem(카르페 디엠)!' 오늘 이 순간을 마지막인 것처럼 살라는 말이 있지? 하루하루를 남을 위해서가 아니라 나를 위해 살아가는 거야. 내가 나를 안아주고, 내가 나를 칭찬하면서 그렇게 성장하고 성숙해가자고! (불끈)

부록1

# 나-나 대화 노트 만들기

이 책을 덮은 후에 만난 나는 어떤 모습인가요?
내가 나와 대화하는 나-나 노트를 통해
나와 다시 한번 만나볼까요?

Q. 가족들과 친구들에게 나는 어떤 사람인가요?

가족들에게 나는 ......................................................................................

친구들에게 나는 ......................................................................................


Q. 교실에서 나는 어떤 캐릭터인가요?(75쪽 그림 참조)

......................................................................................


Q. 나의 캐릭터가 변한 적이 있다면 그 계기는 무엇이었나요?

......................................................................................

......................................................................................


Q. 내가 닮고 싶은 사람은 누구인가요? 그 이유는 무엇인가요?

내가 닮고 싶은 사람은 ..............................................................................

그 이유는 ...............................................................................

...........................................................................................

Q. 나의 독특함을 발견하는 순간은 언제인가요?

...........................................................................................

...........................................................................................

Q. 나만의 보석은 무엇인가요?

...........................................................................................

...........................................................................................

Q. 나의 인생 질문은 무엇인가요?

...........................................................................................

...........................................................................................

Q. 물·불·흙·나무·바위 중에 나를 비유한다면? 그 이유는 무엇인가요?

나는 ...................................................................에 해당한다.

그 이유는 ...............................................................

...............................................................................


Q. 나는 마샤의 인생 미션 중에서 어느 유형에 해당할까요?(114쪽 참조)
  그 이유는 무엇인가요?

나는 ...................................................................에 해당한다.

그 이유는 ...............................................................

...............................................................................


Q. 내가 1만 시간 이상 하고 싶은 일이 있다면 무엇인가요?

...............................................................................

...............................................................................

Q. 나는 어떻게 살아야 할까요?

..................................................................................................................

..................................................................................................................

Q. 나는 열심히 살고 있나요? 나는 열심히 살고 있지 못한가요?

나는 열심히 살고 있다. 왜냐하면 .................................................................

..................................................................................................................

나는 열심히 살고 있지 못하다. 왜냐하면 .....................................................

..................................................................................................................

부록 2

## 나의 인생 나무 만들기

나무는 '자아'를 상징합니다.
'나'라는 나무는 어떤 모습일까요?
이 책 마지막에 있는 나의 인생 나무를
절취선에 따라 자른 다음
나의 인생 나무의 내용을 멋지게 채워보세요.
완성된 나의 인생 나무를 내 방 잘 보이는 곳에
붙여두고 자주 확인하세요.
그럼 여러분도 나의 인생 뿌리를 깊이 내린 이 나무처럼
멋진 사람으로 성장할 수 있을 거예요.

## 뿌리

뿌리는 나무가 자라는 데 필요한 영양분을 제공하는 아주 중요한 부분입니다. 뿌리가 깊어야 바람에 흔들리지 않는다고 하죠? 나의 인생에서도 뿌리가 되어 주는 것들이 있다면 어떤 것일까요?

Q. 지금의 내가 있기까지 가장 큰 영향을 끼친 것은 무엇인가요?(인물, 책, 사건, 가치 어떤 것이든 좋습니다.)

.................................................................................................

.................................................................................................

Q. 나에게 가장 소중한 가치는 무엇인가요? 또는 가장 소중한 것은 무엇인가요?

.................................................................................................

.................................................................................................

Q. 나는 가족 속에서 어떤 모습이고 싶은가요? 내가 바라는 가족의 모습은 어떤 것인가요?

........................................................................................................................

........................................................................................................................

Q. 내가 바라는 세상은 어떤 세상인가요?

........................................................................................................................

........................................................................................................................

위에서 답변한 내용을 잘 정리해서 나의 인생 나무 뿌리 부분에 써보세요.

줄기는 일정한 방향으로 계속 성장해나갑니다. 나의 인생 나무는 어떤 모습인가요? 어떤 방향으로 성장하고 있나요?

Q. 나는 타인에게 어떻게 보이나요? 또는 어떻게 보이고 싶은가요?

........................................................................................................

........................................................................................................

Q. 나는 어떤 면에서 인정받고 있나요? 또는 어떤 면에서 인정받고 싶은가요?

........................................................................................................

........................................................................................................

Q. 나의 삶의 목표는 무엇인가요?

........................................................................................................

Q. 나는 어떤 가치를 추구하며 살고 싶은가요?

........................................................................................................

위에서 답변한 내용을 잘 정리해서 나의 인생 나무 줄기 부분에 써보세요.

**열매**

'인내는 쓰고 열매는 달다'라는 말이 있습니다. 사람은 누구나 일생을 통해 이루고 싶은 것, 즉 열매를 맺고 싶어합니다. 다만, 그 열매의 내용과 크기, 종류가 다를 뿐이지요. 그리고 열매를 거두는 시기도 모두 다르고요. 여러분은 어느 시기에 어떤 열매를 얼마만큼 맺고 싶은가요? 아래에 차례대로 적어보세요. 칸을 다 못 채워도 좋습니다.

열매 1 ....................................................................................

열매 2 ....................................................................................

열매 3 ....................................................................................

열매 4 ....................................................................................

열매 5 ....................................................................................

위에서 답변한 내용을 잘 정리해서 나의 인생 나무 열매 부분에 써보세요.